guide

思想家和思想导读丛书

导读
齐泽克

Slavoj Žižek

托尼·迈尔斯（Tony Myers） 著

白 轻 译

重庆大学出版社

目　录

我们今天为什么需要导读书？　/iii

译者前言　/ix

丛书编者前言　/xiii

致　谢　/xvii

书名缩写　/xix

为什么是齐泽克？　/1

关键思想　/17

1　齐泽克的影响者是谁，他们如何影响他的作品？　/19

2　主体是什么并且它为什么如此重要？　/39

3　后现代性有何可怕之处？　/59

4　我们如何区分现实和意识形态？　/79

5　男人和女人之间的关系是什么？　/99

6　为什么种族主义总是一种幻想？　/117

齐泽克之后 /139

进阶阅读书目 /159

参考文献 /175

索 引 /179

斯拉沃热·齐泽克思想源流简图 /190

为齐泽克的形象和思想“正名” /韩振江 /191

我们今天
为什么需要导读书?

这批来自“劳特利奇批判思想家”(Routledge Critical Thinkers)系列的小书,构成了“思想家和思想导读”丛书的基石。早在丛书策划之初,我们就在豆瓣那个“藏龙卧虎”之地结识了一群志同道合的朋友。我们之间的对话从一个提问开始——“我们今天为什么需要导读书?”

> 我们今天对西学的译介,依然有一些是盲目跟进式的译介,而缺乏系统、深入的相关性研究。[1]

面对有识之士发出的这句尖锐批评,我们试图借助这一发问所引发的一系列思考,探寻专业性导读对于中国学界,特别是初入门者,意味着什么。呈现在我们面前的这套译作,是加入这次“探寻之旅”的朋友们,用他们的精彩译笔所作的回应。然而,在文本之外,一些智慧之果还散落在他们的言说之中,需要显现。

---

1 王晓路. 序论:词语背后的思想轨迹[M]//王晓路,等. 文化批评关键词研究. 北京:北京大学出版社,2007:5.

豆瓣 id:フ

“地图书”(将导读书视为探索思想的地图。)这个说法很不错,和弗雷德里克·詹姆逊(Fredric Jameson)的认知地图(cognitive mapping)有异曲同工之妙。

如果让我来定位入门书的意义的话,我会借用詹姆逊提出的另一个概念,即消逝的中介(vanishing mediator)。在一个辩证扬弃的过程中,一个“消逝的中介”发挥这样的作用:它施力于前一个状态从而引导出后一个状态,这个过程完成的同时它即消逝。

如果把入门书比作一个“消逝的中介”的话,它不怕当初的读者回过头来觉得它有种种缺陷和不足,因为这恰恰是它所想要达成的。如果一套入门书能发挥这样一个作用,我觉得它的编撰者就应该没有遗憾了。

豆瓣 id:剧旁

(李三达,湖南大学文学院讲师)

目前,很多中国学生读书进入了误区,就是认为读原典才是正道,解读的书一概不读,生怕这些人家咀嚼过的内容会影响他们对原典的认知。这真是再荒谬不过了,而我导师一再强调要规避这种误区,不要总摆出一副不世奇才的心态,别人苦心经营的研究成果只能是明灯,与原典相辅相成,待到你学力足够方知深浅和漏洞,彼时再别出心裁不迟。我深以为然。

豆瓣 id:坏卡超

二手文献或导读性文献确实很有必要。并且也应该重视英语世界的二手文献。尽管英语世界不是欧陆哲学的发源地,但英语作者一般都会比较注重用清晰易懂的语言来解释深邃的道理。

豆瓣 id：近视眼女郎

（路程，复旦大学中文系博士研究生，《导读阿多诺》译者）

我个人以为，无论从学术还是知识普及的角度来说，系统引进导读类的书都是多多益善的。当我想了解某位思想家，首先会做的，也是去寻找一些靠谱的导读书来看。

豆瓣 id：年方十八发如雪

国内许多入门级、导论级著作，往往都是引了过多的原文，而非对文本本身的解读。换言之，本来是要作者来解释文本，结果成了作者从原著中摘了几句话，让读者自行领会。或者直接就是由作者的一些论文拼凑出来。这样的后果自然是让初学者一头雾水，完全起不到导论的功能。

相比而言，Critical Thinkers 这套书的一个优点就是由作者带领读者读文本，其次就是每本书后面的文献相对来说都比较齐全，有助于进一步的研究，最后是该系列的很多思想家都是国内很少涉及的，比如阿甘本等，引进来也有开拓作用。总之，老少咸宜。

豆瓣 id：Igitur

（于长恺，爱好阅读法国当代哲学书籍）

毕竟从原著开始着手，需要忍受其本身的拧巴语言风格，西式的语法结构，不同的文化背景、语境。能够有可靠、系统的介绍文本为后续的阅读指引道路，可以节省许多绕弯路的时间，减少初学者的挫折感，增强学习兴趣。

豆瓣 id：H. 弗

（卢毅，复旦大学哲学学院）

这些著作就成了维特根斯坦所说的“梯子”，特别是初学者在很大程度上需要借助它们来对某位思想家基本的思想观点先有个大致的把握和了解，这样，一方面可以帮助人们铺平一些道路、消除一些畏难心理，另一方面可以作为一个引子更好地激发起人们的学习兴趣而不只是无助感与挫败感。

豆瓣 id：Gawiel

（马景超，美国维拉诺瓦大学［Villanova University］哲学系博士在读，《导读波伏瓦》译者）

我以前在国内读书的时候，也经常感到这样的不便，尽管黑格尔、康德和海德格尔等寥寥几位有一些不错的入手读物，但是大部分人还是缺乏类似的读物来引荐。我也非常希望能够通过“地图书”来改变大家的读法，否则，对于很多学科和很多学者都只是停留在泛泛了解一点的程度上，很难进行有建设性的学术研究。比如，人人都知道福柯谈“权力”，然而什么是权力，则需要深入阅读福柯的几本作品，并且能够将不同作品里面的理念联系起来，才能有所了解，否则只是在用我们日常语言中的“权力”去套用福柯的牙慧。如果没有导读性质的作品，读者（尤其是本来就没有精读压力的人）就很容易停留在套用牙慧这个地方，而对于真正有意思的书望而却步。

还有像巴特勒（Butler）这样的作家，作品中有一些话看上去很有力（“性别是一种操演”），但是理解前后文就需要知识背景("主体由操演建构")了。那么,如果没有导读类的书,一般读者很容易就理解为:一个人可以自由决定自己扮演男性还是女性,而这恰恰是巴特勒(作为反人文主义[anti-humanism]传统的继承)最不可能持有的观点,她想说的恰恰是自我的形成过程中,性别作为一种操演已经参与了这一形成,因此没有性别之外、语言之外的"无性别"、"前性别"的主体。

这些都是我常见到的误解,我觉得也许导读类书的引介可以改变这种"好读书不求甚解"的现状,尤其是对于并非哲学专业,但是需要运用到哲学理论的人,导读类的书更可以起到介绍理论背景和避免断章取义的作用。

豆瓣 id:迷迭香

(李素军,中国社会科学院文学所博士研究生)

作为一个理论专业的学生,我深知直接读原著的个中艰辛。理论难读的原因之一是翻译,抛却误译等人为因素,西方思想转换到中文语境里所带来的语言的晦涩也是一个很大的问题;其二,每个思想家都有自己的理论语境,他在继承什么,反对什么都不是短时间内可以看明白的,换言之,我们得摸清楚他的理论轨迹。

豆瓣 id:霍拉旭的复仇

(汪海,中国人民大学文学院讲师)

从学生过来的我,也经历过一个阶段,听到很多老师强调直接阅读原典,生怕受二手资料的影响。但实际上,若没有一个导读的阶段做宏观把握,直接读原典的结果就是不知所云,看了就忘。

我个人从来不相信“白板说”，以为学生在不读二手书之前是纯洁的、不受污染的、具有反思力的“白板”。没有大量的阅读，根本培养不出反思力，导读是必需的，最好是有多重不同看法和角度的导读。

极其要不得的是对原典的态度——面对“名著”没有一颗平常心：或者极其功利地想要推翻它，从而证明自己的高明；或者直接拜倒，因为它是“典”，是权威。好的读书方法就是培养好的民主政治素质，要学会听不同的意见，“名著”之所以是名著，不是因为它是“典”，是权威（虽然它有权威性），而在于它是一个伟大的空间，容得下太多的探讨、太多的声音，不断激发更多的思考、更多的创造，所以才有那么多人前赴后继地走进来。

导读不妨把它看作是一个邀请、一个好客的举动，带我们进入原著的空间，而不是助教，不是训导，不是“原著”这个白胡子老头打算教训弟子之前的开场白或者清清嗓子。

导读也是前人外出探险之后留下来的攻略，不可能事事准确、面面俱到，它邀请你历险，最后写出自己的攻略。

前面说过，我不相信白板——没有单纯的读者。没有导读的读者，他会用从前未经反思的有限阅读经验当导读。如果他自以为此前完全没有受过二手思想的影响，他反而缺乏对自我的反省和批判。

译者前言

对齐泽克这样一位依旧在世，并且创作力格外旺盛（几乎每年一本的出版速度）的哲学家而言，提供一份所谓的“导读”（不是作品的导读，而是思想的导读）是否可能？何况读者面对的是十多年前的导读了，这样的导读不是让人面对着一个两难的困境吗：要么这样的导读是不充分的，即它来得太早，看不到齐泽克思想的后续发展，所以，它已经过时；要么这样的导读是充分的，换言之，它已经洞察了齐泽克思想的全部奥秘，所以，齐泽克本人的思想已经走到了尽头，那么，我们为什么还需要一个已经枯竭了的思想，甚至需要这个思想的一个导读呢？事实上，一位至今仍然关注齐泽克的读者或许会在他的新书《少于无》（*Less Than Nothing*）出版后，发出一阵惊讶，仿佛那个熟悉的齐泽克回来了，那个在二十多年前写《延迟的否定》（*Tarrying with the Negative*）的齐泽克……这种惊讶不是可悲地印证了一个事实，即齐泽克的思想在二十多年后又回到了那个起点，那个将黑格尔、马克思和拉康融为一体的原点吗？如果十年前的齐泽克（作为本书导读对象的齐泽克）是我们熟悉的齐泽克，那么，后十年的齐泽克是什么样的齐泽克?

或许,就中国内地所引进的齐泽克而言,这样一本导读已经足够:因为目前已经出版的齐泽克的著作绝大部分是他早期的理论写作,也就是这本导读面世之前就已经出版了的英语著作——仿佛这本导读是以一种时代错乱的方式,为我们这些迟来的齐泽克读者准备的。即便如此,我们仍然好奇:之后的齐泽克去了哪里?的确,在 2003 年出版的论德勒兹的《无身体的器官》(*Organs without Bodies*)之后,齐泽克的著作更多地转向了政治和宗教领域,纯理论的色彩已经逐渐减弱,增加的则是对资本主义全球化现实的批判力度。在这个意义上,后十年的齐泽克是彻底“激进化”了的齐泽克,是被贴上“左翼”标签的齐泽克。从“9·11”到伊拉克战争,再到金融危机和占领华尔街运动,齐泽克的写作无不瞄准了资本主义全球化的内在对抗,而早期的理论话语似乎也在这样的批判中得到了完全的施展。虽然这种过度激进的政治姿态是齐泽克遭受指摘的原因之一,仿佛他已经沦为了一个在媒体舞台上表演的丑角,丧失了一个思想者固有的理论深度。但事实上,没有这个激进的维度,就没有后十年的齐泽克,而我们也将错失他与同时代的一系列左翼思想家的对话(早在《敏感的主体》里,他就展开了这样的对话;而到了 2014 年的新书《事件》[*Event*]中,我们已经可以看到他如何把巴迪欧的概念具体化了)。更加重要的是,我们自身就需要一种批判性的方法来阅读我们社会的症状。

所以,我们面对的似乎是两个时期的齐泽克,但我们必须注意,后期的激进政治的潜能已经蕴含在了早期的思想写作当中(或许,这部导读所提供的齐泽克的传记能够给出些许的线索)。换言之,这本导读的确是相对全面的齐泽克的思想导读,但它并不是齐泽克本人的全面导读。我们在这里看到的还只是一个作为拉康主义者的齐泽克,或一个作为马克思主义者的齐泽克,这恰恰符合理论界给出的一般印象。但“真实”的齐泽克,或者,齐泽克的“实在界”,在哪儿?这里的文本建构的当然是“象征”的齐泽克,一个被理论化了的思想者形象。而当我们乐此不疲地谈论他的段子时,他似乎被“想象”为一个手舞足蹈的表演者。如果“真实”既不在“严肃”的讨论中,也不在“戏谑”的表演中,那它在哪儿?或许是在尚未浮现的激进政治维度当中,并且总已经从我们的固有成见中滑落了。恰如这本导读的作者所说,导读并不能取代读者自己的阅读,它不能取代是因为齐泽克的写作还在继续,而我们的阅读也正在到来。

白 轻

2014 年 6 月于北京

丛书编者前言[1]

本丛书提供对影响文学研究和人文学科的主要批判思想家的介绍。当在研究中遇到一个新的名字或概念时，本丛书中的某本可以成为你阅读的首选著作。

丛书收录的每一本著作都将通过解释一位重要思想家的核心观念，把这些观念置入语境并且——也许，最重要的是——向你展示为什么这位思想家被认为是重要的，来帮助你进入她或他的原始文本。这是一套不需要专门知识的简明、清晰的导读系列。尽管聚焦于特定的人物，本丛书也强调，没有一位批判思想家是在真空中存在的。相反，这样的思想家是从更广泛的智识的、文化的和社会的历史中出现的。最后，这些著作将在你和思想家之间搭建一座桥梁：不是取代原文，而是补充她或他的作品。

编写和出版这些著作是非常必要的。在 1997 年出版的自传《无题》(*Not Entitled*)中，文学批评家弗兰克·克默德(Frank Kermode)描写了发生在 20 世纪 60 年代的这样一段时间：

---

1 本前言由《导读阿伦特》译者王立秋(豆瓣 id:Levis)翻译。——编者注

> 在美丽的夏日草地上，年轻人整夜地躺在一起，从白天的劳顿中恢复过来，聆听着巴厘音乐家的巡回演出。在毛毯和睡袋下，他们懒洋洋地谈论着当时的大师们……他们重复的大多是传闻；因此我在午休时，非常即兴地提议，做一套简短、廉价的丛书，提供对这些人物的权威而易懂的导读。

对“权威而易懂的导读”的需要依然存在。但本丛书反映的却是一个不同于20世纪60年代的世界。随着新的研究的发展，新的思想家出现了，而其他思想家的声誉则盛衰不一。新的方法论和挑战性的观念在艺术和人文学科中传播开来。文学研究不再——倘若它从前如此的话——仅仅是对诗歌、小说和戏剧的研究与评价。它也是对在一切文学文本和对这些文本的阐释中出现的观念、问题和疑难的研究。别的艺术和人文学科也发生了类似的变化。

新的问题也随之出现。在人文学科的这些剧变背后的观念和问题，经常被不以更广泛的语境为参照地呈现出来，或被呈现为你可以简单地“加”在你阅读的文本上的理论。当然，有选择地挑出某些观念，或使用手头现成的东西并没有什么错，而且确实有一些思想家认为事实上我们能做的就是这些。然而，有时人们会忘记，每一个新观念都是出自于某个人的思想的底样及其发展，而研究他们的观念的范围和语境是重要的。与“浮于空中的”理论相反，本丛书贯之始终的是把这些重要思想家和他们的观念放回它们原本的语境中去。

不仅如此，本丛书收录的著作还反映了回归思想家自己的文本和观念的需要。一切对某个观念的阐释，甚至是看起来最为单纯的阐释,也会或隐或现地给出它自己的"有倾向性的陈述(spin)"。只阅读论述某位思想家的著作,而不读该位思想家的文本,就是不给你自己做决定的机会。有时,使一位重要人物的作品难以进入的,与其说是它的风格或内容,不如说是(读者)不知道从哪里开始的那种感觉。本丛书的目的,就是通过为这些思想家的观念和著作提供一个容易理解的概述,通过引导你从每位思想家自己的文本开始进行进一步的阅读,来给你一个"入口"。用哲学家路德维希·维特根斯坦(1889—1951)的比喻来说,这些书是梯子,是在你爬到下一层楼后要扔掉的东西。因此,它们不仅帮助你进入新的观念,也会通过把你领回理论家自己的文本,并鼓励你发展你自己的有依据的意见,来给你力量。

最后,这些书之所以是必要的,是因为,就像智识的需要已经发生变化那样,全世界的教育系统——通常导读就是在这个语境中被阅读的——也发生了根本的变化。适合20世纪60年代的精英型高等教育系统的东西,不再适合21世纪更大、更广、更多样的高科技教育系统了。这些变化不仅要求新的、与时俱进的导读,也要求新的介绍方法。本丛书的介绍方式,就是着眼于今天的学生而发展出来的。

丛书收录的每本书都有类似的结构。它们一开始的部分,都提供对每位思想家的生平和观念的概述,并解释为什么她或他重要。每本书的核心部分,都讨论了该思想家的核心观念,这些观念的语境、演化和接受(情况)。每本书也都以对该思想家之影响的审视——概述他们的观念如何被其他思想家接纳和阐发——作结。此外,每本书的书末,都附有一个建议和描述进阶阅读书目的部分。这不是一个"附加的"内容,而是全书不可或缺的组成。在这个部分的第一部分,你会发现对书中所涉及思想家的核心著作的简述；此后，是关于最有用的批评著作的信息，有时候也有一些相关网站。这个部分将引导你的阅读，使你能够跟随你的兴趣并发展出你自己的计划。丛书中的注释是按所谓的哈佛系统（在文本中给出作者的姓名和参引著作的出版日期，你可以在书后的参考文献中查到完整的信息）给出的。这种注释方式在极小的空间中提供了大量的信息。丛书也会对技术性术语加以解释，并用方框插入对一些事件或观念的更加细节性的描述。有时，方框也用于强调一些该思想家惯用或新创的术语的定义。这样，方框在某种程度上也起到了术语表的作用，在快速浏览全书时很容易找到它们。

丛书收入的思想家是"批判的"，出于三个原因。首先，我们按照涉及批评的主题来考察他们：主要是文学研究或者说英语和文化研究，但也涉及其他依靠对书本、观念、理论和未受质疑的假设进行批判的学科。其次，他们是"批判的"，因为研究他们的作品将为你提供一个"工具箱"，这个"工具箱"将服务于你自己的有理据的批判的阅读和思考，而这一阅读和思考，将使你成为"批判的"。再次，这些思想家之所以是批判的，因为他们至关重要：他们与观念和问题打交道，这些东西能够颠覆我们对世界、对文本、对那些想当然地接受的一切的常规理解，给我们对我们已经知道的东西一种更加深刻的理解，给我们新的观念。

没有导读能告诉你一切。然而，通过提供一条进入批判思考的道路，本丛书希望让你开始参与这样一种生产性的、建设性的、可能改变你一生的活动。

致　谢

我首先要感谢鲍勃·伊格尔斯顿(Bob Eaglestone)和丽贝卡·巴登(Rebecca Barden)在本书出版期间的精练而一流的编辑工作。我还要感谢万斯·亚岱尔(Vance Adair)、马尔考姆·波维(Malcolm Bowie)、约翰·德拉卡基斯(John Drakakis)、特里·霍克斯(Terry Hawkes)、大卫·庞特(David Punter)和帕特·沃(Pat Waugh)的慷慨的鼓励。最后,我要向阿里(Ali)的支持表示无比的谢意。

书名缩写

CATU 《我思与无意识》(*Cogito and the Unconscious*)

CHU 《偶然性、霸权和普遍性——关于左派的当代对话》(*Contingency, Hegemony, Universality: Contemporary Dialogues on the Left*)

EYS 《享受你的症状！好莱坞内外的拉康》(*Enjoy Your Symptom! Lacan In Hollywood and Out*)

FTKN 《因为他们并不知道他们所做的——政治因素的享乐》(*For They Know Not What They Do: Enjoyment as a Political Factor*)

GAV 《作为爱之客体的凝视和声音》(*Gaze and Voice as Love Objects*)

LA 《斜目而视:透过通俗文化看拉康》(*Looking Awry: An Introduction to Jacques Lacan through Popular Culture*)

MI 《图绘意识形态》(*Mapping Ideology*)

SOI 《意识形态的崇高客体》(*The Sublime Object of Ideology*)

TAOF 《自由的深渊——世界的年代》(*The Abyss of Freedom—*

Ages of the World)

TARS 《荒谬崇高的艺术:论大卫·林奇的〈妖夜慌踪〉》(*The Art of the Ridiculous Sublime*: *On David Lynch's Lost Highway*)

TFA 《易碎的绝对,或基督教遗产为何值得保卫》(*The Fragile Absolute*, *or Why the Christian Legacy is Worth Fighting For*)

TFRT 《真实泪水的恐惧:理论与后理论之间的基耶斯洛夫斯基》(*The Fright of Real Tears*: *Krzysztof Kieślowski between Theory and Post-theory*)

TIR 《除不尽的剩余:论谢林及相关问题》(*The Indivisible Remainder*: *An Essay on Schelling and Related Matters*)

TMOE 《快感大转移——女人和因果性六论》(*The Metastases of Enjoyment*: *Six Essays on Woman and Causality*)

TPOF 《幻想的瘟疫》(*The Plague of Fantasies*)

TTS 《敏感的主体——政治本体论的缺席中心》(*The Ticklish Subject*: *The Absent Centre of Political Ontology*)

TWTN 《延迟的否定:康德、黑格尔与意识形态批判》(*Tarrying with the Negative*: *Kant*, *Hegel and the Critique of Ideology*)

TZR 《齐泽克读本》(*The Žižek Reader*)

为什么是齐泽克？

斯拉沃热·齐泽克是一个哲学家。但他不是一个普通的哲学家，因为他不断地冒着让哲学变得好玩的风险，以这样一种鲁莽的娱乐的方式来思考和写作。由于快乐地摒弃了批判性思想典型的与世隔绝的氛围，齐泽克的方法是狂热的和爆炸性的。他踩着脚跟旋转，在某一刻斥责当代生活的政治冷漠，又在下一刻说起一个认为自己会被鸡吃掉的人的笑话，然后解释《生死时速》（*Speed*）中基努·李维斯（Keanu Reeves）的道德英雄主义，暴露伟哥药丸的哲学基础，并最终揭示基督教对马克思主义的悖谬价值。如此一来，齐泽克掐住了精神分析和哲学的颈背并迫使它们直面日常生活。因此，英国批评家特里·伊格尔顿（Terry Eagleton，1943—）已把齐泽克描述为"近几十年来欧洲出现的在精神分析界，诚然也是一般文化理论界的最令人敬畏的杰出倡导者"（Eagleton 1997：4）。

齐泽克"令人敬畏的杰出性"的基础是他的惊异。因为齐泽克自己就充满了惊异。事实上，他不断地感到惊异："为什么",他惊叹道,一切都像"那样"? 当然,齐泽克的惊异是一种策略。然而,这是一种必要的策略。因为他认为,正是一种探询的警觉的形式构成了批判性思想本身的基础:"哲学",齐泽克主张,"始于这样的时刻:我们不简单地接受既定存在的东西('就像那样!'、'法则就是法则!'等),而是提问我们所遭遇的
2 事物作为实质的东西如何同样可能"(*TWTN*:2)。带着一个孩子问父母天空为什么是蓝色时的全部狡诈,齐泽克追问一切被错认为是智慧的东西:关于我们是谁,我们在做什么并且为什么做它。本书将试着介绍齐泽克所问的问题以及他所给出的回答。

当齐泽克颤栗(我们不必):大众文化和哲学?

齐泽克作品的一部分诱惑在于他对流行文化和日常经验的分析,正如他承认的,道路,"论证的理论路线是由许多来自电影和大众文化的例子,由不时危险地靠近好品味之界限的笑话和政治趣闻,维持的"(*TZR*:viii)。和某种以相当紧缩而平稳的语调歌唱死亡与高洁诗歌之极致的哲学相反,这样一种路径是极其吸引人的。然而,同样迷人的是他在作品中越过"好品味"之界限并结合日常的方式。因为,正如齐泽克认为的,他对厕所和昆汀·塔伦蒂诺(Quentin Tarantino)的讨论所产生的一种稍稍令人讨厌的享乐之印象其实标志着"思绪的一种'机械'部署,它带着对所谓的人文关怀之病理学的一种绝对的冷漠,来遵循它的线路"(*TZR*:viii)。

例如,当齐泽克评论电影《异形》(*Alien*)中的洞穴时,如"这个洞穴唤起的子宫—阴道的联想几乎是过于闯入性的"(*SOI*:79),这里的"几乎"一词就指明了贯穿其作品的位于冷淡的、不

带情感的理论家和他为之写作的读者之间的明显的裂缝。如果“子宫—阴道的联想”是“过于闯入性的”，那么，对谁而言，它们恰恰是“过于闯入性的”呢？答案当然是我们——齐泽克的读者。他冒险用这样的评论来让我们避而远之——它过于情色，过于接近一种淫秽。但同时，对齐泽克那样的冷淡的理论家而言，它又不是一个过于情色的比喻，在这个理论家看来，每一片文化的碎屑，不论对其读者的敏感性而言是多么的骇人，都是理论磨坊中的谷物。

所以，“几乎”指明了齐泽克作品当中的一道裂隙——它是一个颤栗之点：一个认可并承担其读者之敏感性的齐泽克，在另一个把理论点视为唯一重要之事而不拘细节的齐泽克身上颤栗着。齐泽克风格的诡计在于，他，可以说，是为我们，替我们，而 3
颤栗，从而允许我们沉迷于其政治错误的评论所带来的享乐中，并摆脱了它们通常所诱发的罪感。仿佛他说，“当然，我和你一样认为这种关于厕所、SM 和勃起的谈论是绝对淫秽的，但我们有义务把生活的所有方面理论化。”如此一来，齐泽克让他的书在阅读上变得令人愉悦，因为他已经把我们从通常以罪感的形式依附于享乐的自我谴责中释放出来了。

所以，上述句子中的“几乎”就充当了他所谓的“拜物教式的否认”(fetishistic disavowal)——他知道他所说的东西“过于情色”，但他还要说。有一种和这样的否认近似的修辞手段，叫作“故抑其词”(apophasis)。故抑其词是这样的策略，即通过说你不会提到一个话题而提到了它——例如，“我绝不会加入有关首相之不忠的讨论”。故抑其词就这样明确地表达了话语当中的一个洞。通过说你不会提到某个东西，你描绘了你不会提到的东西的轮廓。可以说，你描绘了你言语的界限或视野。在对大众文化以及生活的所谓更加俗丽的方面进行理论化的过程中,齐泽克关注的就是传统哲学的界限——传统哲学声称自己不会谈论的东西,诸如手淫和梅尔·吉普森(Mel Gibson)。

那么,齐泽克的主旨,乃是哲学话语当中的洞。那是为了建构理论的固有话题而往往从理论领域当中被排斥出去的东西。然而,这种表面上僭越的实践,只有从一种完全保守的视角,即正统哲学本身的视角出发来实施的时候,才是有效的。如果齐泽克只是分析了文化的碎屑而没有一种严格的哲学观点,换言之,如果他的理论和他的主题一样的"低级",那么,整个的计划就会枯燥无味——我们会漠然视之。齐泽克作品的首要魅力恰恰源于各个语域的混合,源于他说出了哲学不应该说的东西。这类似于19世纪中期,诸如法国诗人波德莱尔(Baudelaire,1821—1867)这样的作家开始运用"通感"(synaesthesia)的方式。通感是在一种感觉的描述中使用和其他感觉相关的概念,例如"我听到了蓝"或"我响亮地看见事物"。只有在浪漫派诗人已让个体感觉的描述显得无趣而平凡的背景下,通感才将自
4 身确立为一种实践。齐泽克作品中高级哲学和低级文化的混合本身就是一种通感,是不同类型话语的调配,目的是让它们显得与众不同。

但这里不应被忽视的一点是,认为哲学不应说出它不应说的东西的视角,事实上,是齐泽克著作的读者群的视角,也就是我们中间那些对"哲学是关于什么的"持有一种既定观念的人的视角。在其对象面前,哲学本身是冷漠的。而这样的冷漠,这样的视点,恰恰是冷酷而超然的齐泽克的视点,对他而言,"几乎"就是不相干的。那么,哲学的故抑其词,其"官方"话语当中的洞,不是由哲学,而是由我们建构出来的。通过用他对大众文

化的不断指涉来污化哲学，齐泽克事实上净除了哲学读者的“正统”偏见，用一块无所逃避的领域来使之复兴。在这个意义上，齐泽克理论的颠覆性特点就源于它比正统理论还要正统。齐泽克带着一种哲学本身并不想要的确信，承担了哲学的使命。他严肃地对待哲学，而他对昙花一现的文化的讨论则是这种持续的严肃性的一个标志。

这难道不是阅读齐泽克的方式吗?

齐泽克的一个典型的姿态是通过一个否定的问题来明确地表达一种阐释：事实上，法国、德国和英国的不同的厕所设计难道不是三种不同的生存态度的表达——“德国人反思的彻底性，法国人革命的仓促性，英国人温和的、功利的实用主义”(*TPOF*:5)吗？当我们检查三分的等级体系时，我们不是在处理拉康的想象界(the Imaginary)、象征界(the Symbolic)和实在界(the Real)的三元组吗？《X 档案》(*The X-Files*)其实不就是对如下事实的证明吗：父亲被悬置的权威总是在实在界回归？每当他用疑问的口吻表达一种蔑视时，齐泽克提供的回答是“当然了！”(一个人怀疑这样的肯定背后总是秘密地跟着“要是你不这样认为，你就太傻了”)。这些问题在齐泽克的作品中总是指定了转译的过程。它们标志着齐泽克把一个意义体系转译为另一个意义体系的时刻——例如，拉康的体系被转译为黑格尔的系统，或马克思的体系被转译为拉康的体系，或者，大多数的时候，好莱坞的体系被转译为齐泽克的体系。虽然，正如齐泽 5
克自己小心地指出，他并不总在处理完美的对应关系，但这些转译的时刻提供了精彩的解释性洞察。如果你不能以一种方式理解事情，那么，齐泽克似乎会说，从这个角度来观察它们，看看是否能从那里得出意义吧。

那么,让人惊奇的是,不考虑其生动的,但本质上平淡无奇的写作风格,齐泽克是一位相当诗意的作者。当我这样说的时候,我依据的是俄国语言学家罗曼·雅各布森(Roman Jakobson,1896—1982),他把诗歌构想为隐喻之于转喻的主导性。为了理解隐喻和转喻之间的差异,我们可以看看主流电影对性的表征方式。如果在一部影片中,有一对情侣正在做爱,但你想暗示这个行为而不是展示它,那么,隐喻的方式是展现两滴在窗户玻璃上融和的雨滴,而转喻的方式是展示地上散布的被抛下的衣服。换言之,隐喻指定了一种性质上的相似性,而转喻确认了事物的一部分以取代整体。雅各布森认为,小说依赖于转喻的原则,即我们沿着语言的横轴把词语结合成一句话,而诗歌从语言的纵轴中汲取力量,即我们根据相似性用一个词语替代另一个词语。

齐泽克的作品,虽然既不充满个体诗意的瞬间,也不饱含对水仙花的长篇大论,但它在结构上是极度诗性的。它用一个思想体系取代了另一个思想体系,用一个概念取代了另一个概念,用一位形而上学敲钟人的全部技艺,让各种哲学在一起发出和谐的声音。在这样的可交替性中间,齐泽克建立了一种丰富而密集的关联结构,他围绕着其对象的"真相"来编织这一结构,直到最终包围了"真相",就像一部电影里(电影总是形成了齐泽克式令人眼花缭乱的写作的一部分),印第安人围住了约翰·韦恩(John Wayne)的篝火。所以,当你读齐泽克的书时,你不太可能仅仅通过跳读到最后一页而搞清楚发生了什么。你在你的旅途中围绕着篝火所找到的任何叙述都被定位、限制在了单独的点或章节上。

齐泽克著作的勤勉的读者将因此注意到,在很大的范围内,齐泽克使用了许多以不同的形式一再出现的概念。这意味着,对齐泽克的初读者而言,他没有必要对各个单独论证的每一个细节失去耐心。迟早,你会在无意中遇到一个“这难道不是 6
……?”的时刻,它将打开一系列的等同关系并让你能够从一个更有成效的角度来理解之前的讨论。因而,这就是齐泽克著作的标准策略——他的书是围绕着一个主题,而不是一个论证的发展,被组织起来的。他的书明确地表达了一个洞的轮廓,并围绕着它,就像阿根廷哲学家厄尼斯特·拉克劳(Ernesto Laclau)在描述齐泽克的第一部英语专著《意识形态的崇高客体》时所说:

> 它肯定不是一本传统意义上的理论著作;也就是说,它不具有这样的特点:具有系统性结构,在这个结构中,论点依据预先确定的计划罗列出来。它也不是一部随笔集,其中每一篇随笔都是一个业已完成的产品,彼此之间的“统一性”仅仅是围绕着一个普通问题而展开的主题性讨论的结果。它是一系列的相互呈现、阐发的理论干预,依据的并不是论点的循序渐进,而是我们所谓的后者对前者的反反复复,这样的反反复复发生在各不相同的舒缓语境之中。[1]
>
> (*SOI*:xii)

有时,这样的方式似乎会让人相当沮丧。例如,他把一本书中的一章题为“为什么女人是男人的症状?”,但他其实没有在那一

1 引自齐泽克. 意识形态的崇高客体[M]. 季广茂,译. 北京:中央编译出版社,2002:5. ——译者注

章中给你提供一个回答。他毋宁是以一种间接的,故抑其词的方式接近主题,用其他的话来表达他的回答。随后,在同一本书中,他提供了一个对问题的直接回应,但这一次是作为对另一个问题"为什么总有两个父亲?"的回答,而对这个问题,他也只是在别处给出了一个直接的回答。他这么做不是出于一种想要挫败读者之期待的变态欲望,而毋宁是为了确立事物之间的联系。这里的问题不只是表明事物如何组装在一起,而是要肯定根本的齐泽克式的命题,即事物的真相在别的地方,事物的同一性在它自身之外。可以说,每一个事物身上都有一个洞,而事物所缺失的,揭示其真相的那小小的一片,只能在它自身外部被找到。

一份传记的主体:一个主体的传记

那么,我们已经抵达了一个把齐泽克的作品结合在一起的
7 根本的理论结点:身份的问题。在这方面,齐泽克自己的身份就是有趣的。1949 年 3 月 21 日,他出生于斯洛文尼亚(当时还是南斯拉夫的一部分)首府卢布尔雅那的一个中产阶级家庭,是家中唯一的孩子。那时的南斯拉夫处于铁托(1892—1980)的统治之下,是东方集团里一个更为"自由"的共产主义国家,虽然,就像齐泽克指出的,政权赋予其国民的自由是相当含糊的,包括在民族问题上的一种致命的自我调节的形式。然而,对齐泽克产生了积极影响的国家控制的一个方面在于:法律要求电影公司把它们希望发布的每一部电影的拷贝都递交给当地的大学档案室。所以,齐泽克能够看到每一部美国和欧洲发行的影片,这使他对好莱坞传统有了一种坚实的、至今都得心应手的把握。

与齐泽克对好莱坞电影的兴趣相匹配的,只有他对本国电

影，尤其是对本国文学的厌恶。在他看来，大多数的斯洛文尼亚艺术要么是被共产党的意识形态所污染，要么是被右翼的民族主义所污染。而斯洛文尼亚诗歌，根据齐泽克的说法，尤其仍被错误地尊崇为“（斯洛文尼亚）社会的根本基石”（Hanlon 2001：4）。因此，自青少年时代起，齐泽克就只致力于阅读用英语写成的文学，尤其是侦探小说。在追求他自己的文化兴趣的过程中，齐泽克发展起了一种对哲学的初步品味并且在17岁那年就知道他想要成为一个哲学家。20岁时，在卢布尔雅那大学学习的他出版了第一部著作，继而在1971年获得艺术（哲学和社会学）学士学位，并在1975年获得艺术（哲学）硕士学位。后一学位的长达400页的论文题为《法国结构主义的理论和实践关联》（The Theoretical and Practical Relevance of French Structuralism），是一部分析了影响不断增长的法国思想家雅克·拉康、雅克·德里达、茱莉亚·克里斯蒂娃、克劳德·列维-斯特劳斯和吉尔·德勒兹的著作。不幸的是，虽然齐泽克已经得到了在大学中工作的允诺，但他的论文被行使职权的评审小组视为政治上可疑的，因此失去了工作，把它让给了另一个更接近党的路线的候选人。根据他的同事，斯洛文尼亚哲学家姆拉登·多拉（Mladen Dolar，1951—）的说法，当局担心齐泽克具有超凡魅力的教学会用他持异见的思想对学生产生不当的影响。

由于对其才能的这种遭受排斥感到痛心的失望，齐泽克在接下来的几年里处于职业的荒地：他在南斯拉夫军队里服役，并通过偶尔翻译德国哲学来尽其所能地供养他的妻子和儿子。但 8
到了1977年，他的几个有影响力的朋友在斯洛文尼亚共产党联盟中央委员会里给他弄了一个职位，在那里，虽然他被认为是持有不同政见的，但他也偶尔为共产党的领导们写演讲稿，并在余下的时间里研究哲学。在那些年,齐泽克加入了一个研究法国精神分析家雅克·拉康(Jacques Lacan,1901—1981)理论的重要的斯洛文尼亚学者团体,并继而和拉康一起在卢布尔雅那创建了理论精神分析协会(关于拉康对齐泽克之影响的更详细的理解,请参阅第1章)。这个团体(其中著名的成员包括多拉和齐泽克的第二任妻子勒娜特·莎勒克[Renata Salecl,1962—])接管了一份名为《问题》(*Problemi*)的杂志的编辑工作(在这份杂志里,齐泽克毫无畏惧地发表那些对他自己著作的恶评,或者,甚至写那些根本就不存在的书的评论),并开始出版一套题为"论集"(*Analecta*)的丛书。齐泽克自己也不肯定为什么这么多拉康主义者要在卢布尔雅那聚集,但他的确指出,和前南斯拉夫的其他国家相比,那里没有任何既定的精神分析共同体来约束或减弱他们对法国人不时引发争议的著作的兴趣。

虽然他仍被禁止获得一个传统的大学职位,但1979年,齐泽克的朋友们设法为他弄到一份更好的工作:卢布尔雅那大学社会学学院的研究员。当时,齐泽克就认为,这是知识分子的死路,而共产主义政权把那些不便处理的人都放到了里头。虽然这是众所周知的,但这份让绝大多数学者眼馋的工作意味着齐泽克可以追求他的研究兴趣而不用考虑教学和官僚机构的压力。1981年,正是在那里,他获得了他的第一个哲学领域的艺术博士学位。同年,齐泽克第一次游访巴黎,会见了一些他研究了这么久并保持通信的思想家(他有几本,例如,德里达题献给他的书)。虽然拉康是这些思想家的领袖,但他在1981年去世了,所以,事实上,在齐泽克思想的发展过程中,被证明起到决定性作用的,是拉康的女婿,雅克-阿兰·米勒(Jacques-Alain Miller)。

米勒已经是后拉康的拉康主义者当中的一个关键人物,因为他控制着拉康的遗产,并且,某种程度上,他已经成为了法国精神分析的代言人。他不仅在巴黎组织对拉康的公开讨论,而 9
且在弗洛伊德事业学派(École de la Cause Freudienne)领导一个更加专门的三十人的研讨班,在那里一页一页地细阅拉康的作品。作为东欧的代表,齐泽克和多拉都被邀请加入这个研讨班,并且,正是在那里,齐泽克发展了他对拉康晚期著作的理解,这样的理解今天仍激发着他的思考。米勒还设法为齐泽克弄得一笔教学奖学金并成为了他的分析师。正是在这些通常只持续十分钟的同米勒的分析会话期间,齐泽克学到了其时常报告的论断之真相,即受过教育的病人报告症状并梦想着与他们所接受的精神分析的类型相一致。齐泽克虚报的结果就是,同米勒的会话往往终结于一场智力上的猫捉老鼠的游戏。

当齐泽克 1985 年在巴黎第八大学获得第二个艺术博士学位(这一次是在精神分析领域)时,这场游戏就陷入了一个僵局。虽然齐泽克在米勒的帮助下成功地通过了论文答辩,并且米勒还是一个出版公司的首脑,但米勒拒绝出版齐泽克的论文,因此,齐泽克不得不求助于拉康派的内部圈子之外的一个出版商。职业生涯的第二次重大打击迫使齐泽克自己寻找对策。回到斯洛文尼亚后,这些对策服务于更加明显的政治目的:齐泽克成为了一份名为《姆拉迪那》(*Mladina*)的杂志上一个定期的专栏作家。《姆拉迪那》是一个为共产主义政权的不断壮大的民主反对派开设的平台(在整个 20 世纪 80 年代后期,面对南斯拉夫和苏联与日俱增的政治多元主义,共产主义政权的权力逐渐衰退)。1990 年,第一届民主选举在斯洛文尼亚举行,而齐泽克参加了四人总统委员会的竞选——他成为了勉强成功的第五名。虽然他是作为自由民主党的一个候选人参选，但这样的立场更多地是一种策略，而不是一个信念的问题，因为他试图击败民族主义者和前共产主义者之前的保守同盟。正如齐泽克经常说的，他不介意弄脏自己的政治双手。他同样不介意在 1991 年成为斯洛文尼亚共和国的科学大使。

尽管齐泽克继续为斯洛文尼亚政府提供非正式的建议，但在过去的十年里，他的能量已被坚定地用到了自己的研究上。的确，自 1989 年《意识形态的崇高客体》出版以来，齐泽克已经以一种急切的出版速度，发表了超过 15 部英语专著，以及许多编纂的著作。他还用德语、法语和斯洛文尼亚语写作，并且他的作品已被译成荷兰语、日语、韩语、葡萄牙语、西班牙语、斯洛伐克语、塞尔维亚-克罗地亚语和瑞典语。与齐泽克硕果累累的作品相匹配的是他作为一个演讲者在国际上的成功，他已在四个不同的大洲，把纸面上词语的炽热能量忠实地转录到讲台上的词语里。除了他如今在卢布尔雅那大学社会学学院的职位，自 1991 年以来，他还在水牛城的纽约州立大学、明尼阿波利斯的明尼苏达州大学、新奥尔良的杜兰大学、纽约的卡多佐法学院、纽约的哥伦比亚大学、普林斯顿大学、纽约的新社会研究学院以及安阿伯的密歇根大学任职。他同样为斯洛文尼亚的"论集"丛书担任主编，还协助创办德英双语的"它曾在之处"(*Wo es war*)(一套以拉康的精神分析和马克思主义的结合为主题的丛书)以及"*SIC*"(一套致力于文化和政治的拉康式分析的丛书)。

那么，在齐泽克生命的所有阶段，我们可以发觉一个主题的持续。当他成长的时候，他选择了好莱坞电影而非他自己国家的主流诗歌文化。作为一个学生，他发展了一种对法国哲学，而非官方共产主义思想范式的兴趣，并为之写作。当他开始其职业生涯的时候，他选择用其他哲学家的观念来阐释拉康，而不是固守正统的拉康主义路线。并且，正如我们已经看到的，作为一个哲学家本身，他不断地提及大众文化而非学科通常所研究的那些话题。所以，在每一个情形里，齐泽克的智识发展都是以一种同他在其中工作的官方文化的距离或异质性为标志的。他总是且已经是主流正统内部的一个污斑或黑点，从不被他所违抗的社会或哲学惯例所整合。

关键在于，虽然齐泽克的不被认可的路径让他至少两次失
去了成为既定建制之一部分的机会（一次是硕士论文的时候，
另一次是他获得第二个博士学位的时候），但他只在他对这些
建制的抵抗中定义自己的位置。问题并不必然是齐泽克发起了
某种学术的反叛，甚或要证明从长远来看，他的才能如何克服了
其面前立起的障碍，而是宣称齐泽克哲学的特点或特性是以建 11
制对其思想的容纳的失败为基础的。齐泽克理论的最终成功部
分地源自其早期的失败，源自这样的事实：齐泽克能够把自己视
作他在其中工作的体系的一个异类。

简言之，正是这样的疏远，这种同曾经并且现在仍包含它的哲学话语的差异，锻造了齐泽克自己思想的特性。换言之，因为齐泽克的理论不是客观体系的一部分，而是自在地主观的。这是如此地贴切，因为齐泽克以一种类似的方式描述了我们所知的“主体”的形成。的确，齐泽克对批判理论的一个主要贡献就是他对主体的详细阐释。一切都提出了问题：一个“主体”是什么？齐泽克对此问题的回答，至少一开始，是相当直截了当的。如果你拿走了你所有与众不同的特点，你所有特殊的需求、兴趣和信念，那么，你剩下的就是一个主体。主体是你意识的形式，与之相对的，则是对你来说个体的和特殊的形式之内容。

这听起来像是一种相当牵强的抽象,你不大可能在逛街的时候遇到它,但齐泽克宣称,这个主体不过是民主制的公民。齐泽克认为,民主制不是由个体的人民构成的,因为

> “民主”本质上是“反人类的”,它不是“为(具体的、现实的)人定做”的,而是为形式上的无情的剥离行为定做的。在民主观念中,丰富的、具体的人性内容和真正的共同体联系是没有立足之地的。民主是抽象个体在形式上的联系。[1]
>
> (*LA*:153)

那么,根据定义,所有的民主制公民都是彼此平等的。一个民主制并不留意个体的种族、性别、性征、宗教、财富、餐桌礼仪和睡眠习惯。它感兴趣的只是这一切特殊性质被剥夺了之后留下的东西,而正是公民的这一部分,和齐泽克用“主体”的概念规定的其他所有的公民,是平等并且相同的。如果我们记得这只是一种类比,那么,我们会把主体描述为一个关于世界的视角,一个世界从中被人看到的位置。

正如这个表述,“一个世界从中被人看到的位置”所表明的,一个主体只当它和世界保持一定的距离时才存在着。你无
12 法看到世界,如果你是它的一部分,你至多只能通过随它一起观看而看到你自己的视网膜。所以,对齐泽克而言,一个主体是世界的一片,它已将自身从世界当中分离出来,并且,在这个地方,世界如今可以被人看到。这就让一个主体显得主观而非客观。

---

1 引自齐泽克.斜目而视:通过通俗文化看拉康[M].季广茂,译.杭州:浙江大学出版社,2011:281.——译者注

主体是关于世界的一个特别的或个体的视角。在此，我们或许可以看到，这个观念为什么将自身强加于齐泽克，并且，它为什么成为了齐泽克作品的支柱之一。因为齐泽克自己总已经和世界保持距离：斯洛文尼亚官方文化的世界，学院政治的世界，拉康派正统的世界，哲学建制的世界。只有通过和他所违抗的"体系"保持疏离，齐泽克才能够把他自己的身份锻造为一个思想者。

关于本书

所以，本书将聚焦于齐泽克的主体理论——他对批判哲学最重要的贡献之一。齐泽克自己的书往往带着一种漫游式的简约来运作，在任何一章中都涵盖了许多的话题，所以，我试着在这里更加系统地整理他的思想。从一种对齐泽克思想的关键影响者的讨论和一种对抽象形式的主体的概述开始，随后的每一章会从后现代、意识形态、性别和种族的角度来审视主体。在这些章节之后是对齐泽克影响的一种评价，以及齐泽克主要英语著作的一份目录。这些著作的引述[1]已在全书中用首字母缩写标出，而其他文本照例也有参考。

我希望，这本书会介绍并解释齐泽克的理论，但它不是齐泽克自身著作的一个替代，而是对它们之阅读的一个推荐。齐泽克往往被人用偶像的词汇提及，而他的读者也往往被描述为"邪典的追随者"，但我希望本书会在某种程度上走向齐泽克奇迹的通俗化。因为他总的来说是如今正在工作的最杰出、最精力充沛的思想家之一。他以一种令人敬佩的生动性来写作，面

1　中译本中，这些引述段落会参照已有的中文译本，并标注页码。——译者注

对陈词滥调始终能够提供一种鲜活的洞见,并完全地投身于我们所生活的世界。

关键思想

1

齐泽克的影响者是谁，他们如何影响他的作品？

齐泽克的影响者:哲学、政治和精神分析

齐泽克的作品动用了三个主要的影响领域:哲学、政治和精神分析。在每一个学科里,齐泽克都在一个唯一个体的写作中找到了其绝大部分的灵感:哲学上是格奥尔格·黑格尔,政治上是卡尔·马克思,精神分析上是雅克·拉康。虽然这三位思想家的观念、方法论和一般影响在齐泽克的著作中重叠,但宽泛地说,他们每一个都对齐泽克的思考产生了特殊的影响。所以,黑格尔的哲学影响了齐泽克所实践的思想类型或方法,马克思的作品提供了齐泽克著作背后的动机或原因,拉康的精神分析提供了齐泽克用来应对其分析对象的术语和概念框架。本章的目的是概述黑格尔、马克思和拉康提出的一些与之更加相关的观念,并表明这些观念如何在齐泽克的作品中得到运用。

黑格尔

格奥尔格·威廉·弗里德里希·黑格尔(1770—1831)是
16 一位德国哲学家,他的著作,对许多评论者而言,代表了德国唯心主义传统的巅峰。唯心主义是这样一个哲学体系,它试图用关于世界的观念来审视世界,而不是把世界分析为一个事物或一系列事物。一般来说,唯心主义哲学家倾向于认为,事物,或者,更确切地说,物质世界,并不独立于心灵所持有的关于它们的观念而存在。他们相信意识是现实的基础。黑格尔对这一思想方式的最大贡献是提出,个体的观念可以结合起来,形成一个绝对观念。事实上,他不仅认为这是可能的,而且认为这是必要的,因为在他看来,只有通过理解世界的全部,或者他所谓的整体,我们才能真正地对世界有一点了解。

为了抵达这样一个让一种对整体的理解得以可能的状态,黑格尔发展了辩证思想的概念,改造了这个从早期希腊哲学家那里得来的概念。辩证法,最早是由芝诺(公元前490—公元前430)和苏格拉底(公元前470—公元前399)实践的,它不过是一种通过一套提问和回答的体系来寻求知识的方法,有点类似于"二十个问题"(Twenty Questions)游戏,其中,每一个问题都因之前的回答而完善。但在黑格尔的著作中,它变成了一种神圣阐释的方法,一个宇宙的法则,以及合为一体的整个历史的隐秘马达。人们通常用一个三步的过程来看待黑格尔的辩证法。你从一个命题或一个观念开始,接着你用那个观念的反题或限制条件来进行反驳,最后你在一个综合或一个更大的、更具包容性的观念中把两者结合起来。例如,你会这样主张你的命题:"所有的电影都是好的"。而你接着提出的反题是"《泰坦尼克号》其实是一部相当糟糕的电影"。然后,你的综合会是"绝大多数电影是好的”。这个综合会变成你的新命题，并且，这样的过程会一再地开始，直到你发现问题的全部真理——或整体——会是“只有一些电影是好的”。

那么，这就是对黑格尔辩证法的通常看法，其中，不同的视点总可以被一个更大的真理所协调。然而，齐泽克对黑格尔的理解不是这个，诚然也不是我到现在为止所写的东西，除了黑格尔的生卒日期。对齐泽克而言，作为一个思想家的黑格尔是更加根本的，他的辩证法也是如此。因为在齐泽克对黑格尔的阅读中，辩证法并不产生一种调和或一种综合的视点，而是，用他的话说，承认“矛盾（是）一切同一性的内在条件”（*SOI*:6）。齐 17
泽克想说的是，某一事物的观念总是被一个矛盾所瓦解，而为了让观念首先存在着，这样的矛盾又是必要的。用一句著名的话说，存在着，并且必定总存在着，一个证明规则的例外。

所以，回到我们之前的例子，如果综合是“所有的电影都是好的”，而反题是“《泰坦尼克号》其实是一部相当糟糕的电影”，那么，齐泽克的综合会是“所有的电影都是好的，因为《泰坦尼克号》其实是一部相当糟糕的电影”。当然，这最初没有什么意义，换言之，它是矛盾的。但论断的真理恰恰是在这个矛盾当中：如果没有糟糕的电影，那么，我们就不知道一部好的电影是什么样的，因为我们没有可与之比较的东西。所以，为了有好的电影，必须至少有一部坏的电影，而在这个例子里，《泰坦尼克号》其实就是证明了规则的例外。

如果你仍对此感到困惑，我可以对你表示同情。无疑，齐泽克的辩证法是一个很难第一次就把握住的概念。我们的整个文化，从阴阳到托尼·布莱尔的“第三条道路”，都是基于这样的观念：真理是绝对的，如果你以一种方式看事物，而我以另一种方式看事物，那么，就有一条中间的方式，一种把我们的分歧和谐地协调起来的方式，它可以包含两种视点。但在齐泽克看来，真理总要在矛盾而非差异的平稳抹除中被人找到。这就是可被称为矛盾修辞(oxymoronic)的思想风格。一个矛盾修辞只是一个利用矛盾概念的措辞，例如“干雨”(dry rain)，“寒烧”(cold fever)，或者，臭名昭著的“军事情报”(military intelligence)。黑格尔的作品，以及他之后的齐泽克的作品，都充满了矛盾修辞，例如“精神是骨头”或“财富是自我”。但这些不只是措辞；它们是对齐泽克所谓的辩证思想的整个路径的指示，当齐泽克分析从希区柯克到欧洲厕所设计的一切事物时，他运用的就是这种辩证思想。因此，这样的路径可以帮助我们理解齐泽克著作中许多构成了诱人标题的令人惊讶的论述，例如，正如我们会在后面看到的，虚拟现实比现实本身更加真实，基督教传统应当受到马克思主义的珍爱，或者，对女权主义而言，德国哲学家奥托·魏宁格(Otto Weininger，1880—1903)的臭名昭著的厌女主义作品被证明是比绝大多数的女权主义者更富教益的。

18 马克思

卡尔·马克思(1818—1883)是黑格尔的学生之一，他继而创建了现代共产主义。一般来说，马克思对社会的组织方式进行了尖锐的批判。他认为资本主义或自由市场经济的生产被不平等撕裂了，它允许极少数人以对绝大多数人的压迫和卑劣统治为代价，积累巨大的财富。这些分配的不公，根据马克思的说法，继而被社会的文化、政治和法律框架，或他所谓的上层建筑(superstructure)掩盖、倡导并认可了。对马克思而言，上层建筑，在很大程度上，是由统治阶级决定的，他们首先坚持从不平等的维系中获利。几乎没有考虑细节,马克思提出了资本主义的另一个选择,让我们借用“共产主义”来描述它:在那里,没有分配或不平等,在那里,每一个个体都被允许实现他或她的创造潜力。

通过宣称自己是“毫不害羞的马克思主义者”(*TZR*:x),齐泽克承认自己相信马克思对资本主义批判的真理和价值,并且相信另一个更好的组织社会之方法的可能性。的确,虽然这样说并无不妥,即齐泽克在,例如,解释意识形态如何运作的时候,使用了他对黑格尔辩证法的阐释,但马克思对资本主义的批判才是他为什么要写的根本原因。也就是说,齐泽克把他的作品视为对一种批评理论的贡献,这种批评理论试图改变我们理解世界的方式,以便我们最终能够渴望把世界变得更好。

那么,在齐泽克的作品中,马克思的影响可以被察觉为一种特定类型的思想之动机。这类有时被称为*实践*(praxis)的思想不仅试图对经验进行分类或反思,还试图改变经验。这听起来像是众多著作的雄心勃勃的计划,但齐泽克的战场是观念和文化,或上层建筑的领域。对马克思主义者而言,上层建筑(包括家庭、教育系统、政府、运动和艺术)的全部关键在于确保经济组织的现存方法(也就是马克思所谓的*经济基础*[base],其当下的例子是资本主义)的再生产。如果以这样一种看似奇怪的方法来考察流行歌曲或乔治·克鲁尼(George Clooney)的几部最新电影,那么,正如齐泽克认为的,这是因为你已经被成功地刻
入了资本主义的*意识形态*,或把上层建筑粘合在一起的思想体 19
系,它让你以为它就是社会运行的自然方式。

在马克思主义的传统中,*意识形态*有很多的定义。这些为数众多的定义围绕着一个核心命题,即意识形态只是一种关于

事物的错误的思想方式。所以,例如,虽然我以为广告是真实的微型纪录片,但你可以在这里合理地指出我思想中的错误并表明它们其实是各个公司用来操控我的欲望的一种方式,它改变了我的购买习惯并说服我选择它们的产品。正如你可以在这里看到的,这样一种关于意识形态的观点并不严格地是一个关于事实之误认的问题。如果我以为一只足球其实是一颗手榴弹,那么,我只是昏了脑袋,而没有在意识形态上被误入迷途。所谓的意识形态是我们解释事实的方式。如果我认为足球只是一场比赛,你会说我没有解释足球比赛如何被刻入社会网络的一整个系列,并提供一种关于民族主义、同性恋—色情联系、对工人阶级的商业剥削等的讨论。那么,随着这样的视角,意识形态成了一种感知上的错误,它可以通过某种方式得到纠正,就好比你看不清楚的时候,换了眼镜的镜片。

在意识形态的这一定义里,思想要么是正确的,要么是错误的,而意识形态的其他重要定义则认为,意识形态其实是描述思想本身之视域的一种手段。在这个意义上,例如,对我而言,就不可能把广告视为真实的微型纪录片之外的任何东西。不管你怎样和我理论或争辩,不管你怎样拉着我的耳朵或威胁要剪掉我牙刷上的刷毛,我都无法以其他任何方式来设想广告。在一个类似的,但更为严峻的方面,许多马克思主义者认为,资本主义如今代表了我们思想的视域,并且在一个实际的层面上,我们因此无法设想社会组织的另一种方式。在这个意义上,意识形态不是某种你可以对之想到一个出路的东西,因为它代表了思想的实际界限,正如盲目代表了洞察的界限。鉴于这些分歧巨大的观点,在马克思主义的圈子里,每十年左右就提出一个新的意识形态理论并照例对那个理论进行批判、贬损,乃至最终把它遗忘，或许已经毫不让人惊讶地成为了一种光荣的消遣了。

显然，这对马克思主义者而言是一个问题，因为它意味着， 20
没有一种可以接受的意识形态理论，他们就无法确切地解释，上层建筑，直白地说，如何确保经济基础的永恒。那么，正是在这个地方，齐泽克作出了他对马克思主义传统的最显著的贡献。通过把意识形态宽泛地定义为个体理解其与社会之关系的方式，齐泽克认为，虽然马克思主义能够为这个定义提供一种对社会机制的坚实把握，但在理解个体运作的方式上，它没有什么可以给出的东西。因为个体的直觉和心理的进程是意识形态赖以运行的材料，所以，找到一个关于这些进程的理论就看似必要了。而正是在雅克·拉康的作品中，齐泽克找到了这样的一种理论。

拉康

雅克·拉康(1901—1981)是一位法国精神分析家，他颇有争议地重写了精神分析奠基人，西格蒙德·弗洛伊德(1856—1939)的观念。这种争议部分地源于如下的事实，即拉康的作品是臭名昭著拐弯抹角的，充满了让人费解的双关，隐晦的暗示和狡猾的概念游戏。的确，就像人们常说的，你不得不在读拉康的书前就理解拉康。由于齐泽克喜欢的恰恰只是这种矛盾的挑战，他已经承担了为拉康的初学者提供一种理解的任务。所以，齐泽克的许多著作的好处，一部分就在于解释拉康的理论。在此过程中，齐泽克费了很大的力气把拉康所践行的精神分析的特殊标牌大众化了。我强调这个是因为精神分析通常被狭隘地视为一个知识的领域，包含了一种治疗精神病患者的方法和一套有关心理进程的理论。然而，在拉康手上，精神分析展现了勃勃的野心，跨越了其自身学科的边界并参与了政治、哲学、文学、科学、宗教和其他几乎一切学着形成一种宏大理论的领域，这样的理论插手了对人类所投身其中的每一块奋斗舞台的分析。拉康为这一傲慢的事业奠定的基础是用来划分一切心理运作的三大“秩序”：想象秩序，象征秩序，实在秩序。

21 **想象、象征和实在秩序**

或许，最简单的方法是把这三个秩序思考为渗透了所有心理活动的力场，每一个力场都对个体的幸福施加了自身特殊类型的影响。其中的每一个既可以当作名词来使用——想象界（the Imaginary），象征界（the Symbolic），实在界（the Real）——命名一个特定的秩序，也可以当作形容词来使用——想象性（the Imaginary），象征性（the Symbolic），实在性（the Real）——用那一个秩序来描述一个特定的事物或经验，进而，就像“秩序”的表述所暗示的，这三个秩序不仅是心理经验的一个分类体系的组成，也是一种以准道德的方式对那一经验进行排列的手段。的确，在拉康的作品中，有时形容词“想象性”看上去就像一种滥用的形式，而概念“象征性”就像一种恩赐的授予。无论如何，居于层级秩序顶端的恰恰是“实在性”，并且拉康总是以一种崇敬和尊重的语气来谈论它。

为了避免把拉康的术语和日常的词语相混淆，我将把前者的首字母大写（Imaginary，Symbolic，Real），把后者的首字母小写（imaginary，symbolic，real）。[1] 但你应当清楚，齐泽克自己并不总是遵循这样的做法。

1 在后文的翻译中，拉康的术语将被译为“想象界”“象征界”“实在界”，而日常词语则是“想象的”“象征的”“实在的”，以示区分；另外，当“想象”“象征”“实在”这三个词和“秩序”放在一块的时候，它们就是拉康意义上的。——译者注

想象界

在一个层面上，想象界规定了自我（ego）得以构想并诞生的过程。这个过程被普遍地称为“镜像阶段”（the mirror stage）。它开始于人还是约六个月大的婴儿时期。正如拉康提醒我们的，人在这个意义上总是过早地出生，即在几岁大之前，人无法协调自身的运动。婴儿通过在一面镜子（不管是一面实际的镜子还是另一个人的“镜子”）里认同他们自己的一个图像而克服了这点。相比于他们在自己身体内部体验到的笨拙的、几乎东倒西歪的失位感，这个图像为婴儿提供了一个清醒的关于自身的同步且统一的身体之画面。在此过程中，它预期了儿童的未来发展并为之提供了一种凝聚的愉快感受，换言之，它提供了一个自我。

然而，这个认同的过程虽然看似一种稳定化的虚构，但它实 22
则作为一种极其反复无常的力量，存留于儿童的内部，不断地瓦解它试图给予的公正和统一。这是因为儿童对自身的感知和它所认同的整体性的图像之间仍有一种不一致。由于自我是由这种认同形成的，而这种认同假定了儿童尚未拥有的力量，因此，自我在本质上被它自身和自身的图像之间的分裂所切断、撕开了。自我就这样永远地试图让他异之物符合它的同一。

我在这里写下“永远”是因为自我并不在我们长大成人后改变它的特性。它仍是你的那一部分，总是追求整体性和统一性，试图克服首先把它创造出来的那一分裂。那么，在更宽泛的运用中，想象界规定了一种对自身的无尽追寻，一个为了支撑其统一性的虚构而合并越来越多的复制与相似之情形的过程。因此，面对想象的秩序，拉康和齐泽克都保留了一种自然而然的轻蔑。不幸的是，对我们而言，拉康还认为现时代代表了人类想象界的顶峰，因为在这个时代，人们已然变得迷恋于自身，迷恋于看着他们自己，迷恋于他们的创造接管这个世界。

象征界

象征界或许是所有秩序中最具野心的，因为它的视界包含了从语言到法律的一切事物，囊括了之间的一切社会结构。因此，象征界构成了我们通常所谓“现实”的一个很好的部分。它是非个人的社会框架，在这个竞技场上，我们作为周围人之共同体的一部分而获得了我们的位置。例如，绝大多数人甚至在出生之前就被刻入了象征界，因为他们被赋予了一个名字，属于一个家庭，一个社会—经济的群体，一个性别，一个种族，等等。如果这听起来像是一种积极的描述，那么，拉康指出，我们在某种意义上也被囚禁于象征界，因为他认为，把这个秩序聚合起来的东西是意指链（signifying chain），或他所谓的能指的法则（law of signifier）。

23 **两个他者**

在其作品中，齐泽克始终提及拉康对“小他者”（little other）和“大他者”（big Other）的区分。“小他者”，小写的他者总是想象界的他者。这规定了我们自身内部的一种他异性，或者，更确切地说，是我们自我内部的他异性。“大他者”，大写的他者，指的要么是个体主体所经验的象征秩序，要么是另一个代表了象征界的主体。例如，法律是一种属于象征秩序的建制，因此，它是他者（the Other）。同样地，一个警察也是他者，因为它代表了法律的建制。他的他者性（Otherness）源于一个事实，即他是法律的占位符或代表。所以，这样的他者性比从属于想象界的他者性更加地根本，因为它无法被认同的过程所吸收。

拉康从瑞士语言学家费尔迪南·德·索绪尔(1857—1913)那里借用了“能指”(signifier)的概念。索绪尔认为,语言是由符号构成的,而每一个符号又由*能指*和*所指*(signified)两部分组成。对索绪尔来说,能指是符号声音的心理图像,而所指是和那个声音相关的概念。符号的这两个部分被一条任意的纽带聚合起来。换言之,声音“猫”为什么应该意指那样一个每天守着食盆指望被喂食的长着条纹的可鄙生物,这并没有什么本质的原因。和索绪尔相反,拉康赋予了能指比所指更高的价值。

索绪尔还坚持认为,语言是一个*关系的*或*差异的*系统。他的意思是,没有一个符号可以脱离其他的符号而得到定义。所以,例如,我们知道一只猫是一只猫,因为它*不是*一只狗或一只兔子。正如我们知道,如果某件事*不是*好的,那么,它就是坏的。同样地,一个男人是一个男人,因为他*不是*一个女人,而左是左,因为它*不是*右。(应当注意的是,虽然齐泽克接受了这一立场,但他还有一个附带条件,即我们是基于缺席和在场来理解两个词项之间的关系的。通过这种方式,一对词项的第二个词只是填补了第一个词的缺席,反之亦然。例如,“黑夜”填补了“白天”不在场时的空虚。)

语言的这种“*不是*某某”或差异的方面,对拉康而言是至关 24
重要的,因为如果词语只是为我们指涉其他的词语而不指涉世界,那么,我们就从那一世界当中被切除了,被孤立无助地留在语言的边缘。的确,在这个意义上,语言是一个独立的系统,形成了它自己的封闭世界。也就是说,词语并不反思经验,而是建构经验。如果这听起来有点牵强,那么,想想它把一个人要么描述成恐怖分子,要么描述成自由战士时的差异。虽然那个人的名字没有变,但我们对他的态度,基于我们指涉他的方式,是完全不同的。你至少会反驳说，那个人还是一个“人”。然而，这只是另一种选择，因为那个“人”也可以是一个“原始人”，一个“哺乳动物”，甚或一个“动物”。由此，语言分割了世界，让人们无法对世界采取一种中立的立场。

可以在这里指涉一个人的词语构成的清单——“原始人”“哺乳动物”“动物”和“人”本身——形成了拉康所谓的意指链的一个例子。如果你还记得，意指链是把象征秩序聚合起来的东西，并且，简单地说，它指涉了可以利用的能指的整个网络。某种意义上，这是可以用来指涉同一事物的替换词或可能之词语的清单。所以，例如，“热”可以被“温暖”“狂热”“炽热”或“高烧”这样的词语替换。这些词中的每一个都和其他的词相关。例如，“高烧”可以被“疾病”或“生病”甚至“热”(heat)的反面“冷”(cold:感冒)替换。最终，能指的整个网络可以沿着各式各样的链条得到追溯，所以，当你使用一个词的时候，你也就潜在地使用着其他所有的词。

如此的蕴意，对象征秩序的理解而言，是双重的和对立的。首先，它意味着，如果象征秩序是由能指链聚合起来的，或者，换句话说，如果我们只能通过能指的任意而不稳固的法则来理解一切，那么，我们就注定无法“如其所是”地了解世界，而只能永远地陷于语言的牢笼。其次，在另一方面，如果能指和所指之间的关系是任意的和不稳固的，那么，我们所生活于其中的象征秩序的特征或类型就既不是永恒的也不是必然的。例如，近些年来，女人在社会中的角色已经发生了根本的改变，从一个比男人更低的地位上升到了和男人一样的地位。在这个例子里，能指“女人”不再指涉所指“二等的或次要的人”，而仅仅是指“女性的人”。

实在界 25

实在秩序描述了生命的那些无法被知晓的领域。当然,在某种意义上,它意味着一切,因为正如我们已经发现的,我们关于世界的全部知识都以语言为中介。我们从不直接地知道任何东西。在这个意义上,实在界是在语言分割之前的世界。在美国作家恰克·帕拉尼克(Chuck Palahniuk,1962—)的小说《窒息》(*Choke*)中,下列关于妈妈对山的理解的描述里就有某种关于实在界之经验的东西:

> 有一瞬间,妈妈看到了山而没有想到伐木,没有想到滑雪胜地和雪崩,被驯服的野生动物,板块构造地质学,微气候,雨影,或阴阳的位置。她看到了没有语言框架的山。没有联想的牢笼。她看到了山,但不是通过她所知的一切关于山的真实事物的透镜。她在那一瞬间看到的甚至不是一座“山”。它不是一个自然资源。它没有名字。
>
> (Palahniuk 2001:149)

在这里,在山陷入语言和文化之前,妈妈在一种直接性当中接近了山。除了她在山的独一性,在它和周围的其他一切事物的差别中认出了山的事实外,这也类似于一种同实在界的遭遇。如果你可以想象这样一个状态,其中,例如,把一颗树,它所扎根的土地,树叶丛中的松鼠和围绕它的天空区分开来是不可能的,那么,这就是实在界了。正如你可以看到的,它不是某种我能够描述的东西,因为为了描述它,确认世界的每一个不同的元素,我已经默认自己不得不使用词语。正是出于这个原因,拉康认为,实在界抵抗象征化(Symbolization)。

那么，我们为什么应该关注实在界呢？毕竟，如果我们注定要活在象征界当中，实在界里发生了什么又有什么重要的？这里的关键是要记得象征界和实在界是彼此亲密地结合在一起的。象征界在实在界上面运行；就像拉康宣称的，它把一道切口引入了实在界，以无数种方式分割了实在界。的确，你认出实在
26 界的一种方式就是当某个事物对象征化冷漠的时候，什么也不做。所以，回到人的例子上，通过数出我们被象征化的方式——作为“原始人”“猿猴”“哺乳动物”“动物”等——你可以看到其中的某一部分是实在界的。当我们被命名或者以这种方式被归类的时候，我们进入了象征秩序，但在那之前，我们处于实在界。

类似地，一切以不同方式得到解释的东西都揭示了实在界的在场。艾滋病就是一个很好的例子。有些人把它解释为对同性恋的一种惩罚，是过一种非基督教的生活方式得到的神性报应；其他人把它视为中情局遏制非洲人口增长的阴谋的一部分，而另一些人把它视为人类对自然之干涉的结果。这一切的解释都围绕着同一个残忍的事实，即不管把什么样的理由归于它，疾病仍在继续。换言之，艾滋病是实在界的一次入侵。它本身是没有意义的，而这一切的解释都是把它象征化的尝试，我们会说，是在没有讯息的实在界当中发现一个讯息的尝试。因为实在界就是无意义的和荒谬的——它只是持存着，而意义只能在象征秩序的现实内部被找到。

创伤

对齐泽克而言，一个创伤性的事件代表了象征秩序和实在秩序之间的原型关系。它定义了实在界打断象征界之平稳运行的点。关于创伤（trauma）的理论有好几种，但齐泽克关注的是弗洛伊德的“事后”（Nachträglichkeit）概念，或者，就像它通常被翻译的，“迟发行为”（deferred action）。最著名的例子可以在弗洛伊德关于狼人（Wolf-Man）的病历中找到。弗洛伊德认为，狼人的恐惧症（他害怕被狼吃掉）是由一个事件（他在一岁半的时候目睹了父母交媾）引起的，这个事件起初对他没有什么意义，只是到了后来（四岁的时候），在一个迟发的行为中，成为了创伤。换言之，正如齐泽克在此认为的，事件的创伤性特点并非原初事件或原始场景（primal scene）所固有的：

> 在狼人的例子中……原因是他的双亲背交的创伤性场景——这个场景是不可象征化的内核，所有后来连续发生的象征化都围绕着它进行。然而，这个原因不仅在某一段时间间隔后发挥了它的作用，而且通过延迟正式地成为创伤，也就是原因：在两岁时，当狼人看到了背 27
> 交时，没有任何创伤性的事情标示这个场景；随着后来儿童早期性理论的发展，当把这个场景整合进新近出现的叙事化—历史化—象征化视野之中变得不可能时，这个场景才通过回溯获得了创伤性的特点。[1]
>
> （*TMOE*:31）

1 引自齐泽克. 快感大转移：妇女和因果性六论[M]. 胡大平，等，译. 南京：江苏人民出版社，2004:35. 有改动。— 译者注也就是说,当狼人原本目睹他的父母交媾的时候,这对他而言并没有什么意义。它是抵抗象征化的实在界的一部分。然而,三年后,当他发展出一系列简单的,绝大部分是关于阉割的性理论时,他便无法解释他曾经看到的父母在做的事。正是在这个象征化的点上,场景变得创伤性了,而他发展出了他对狼的恐惧。关键是要在这里认识到,实在界或事件始终是一样的;改变了事件之意义的是象征界。这就是为什么,二十年后,弗洛伊德能够帮助狼人以一种非神经过敏的方式把事件重新整合进象征界。因为即便事件本身并不改变,它被理解,被赋予意义或被象征化的方式,也会发生改变。那么,实在界和象征界之间的关系通常就是这样进行的:实在界只是持存着,而我们解释实在界的方式随着象征界而改变。

我们还可以从相反的方向来看实在界。暂且,在一方面,实在界是先于象征界的东西,是事物的完满,它被象征界所加工,被切成清晰的一片片;另一方面,它也是剩余,或在象征界完成了这一过程后剩下的东西。在这个意义上,实在界在象征界之后到来,它是留在背后抵抗象征化的过度,只能显现为象征界当中的一个失败或空虚。如果实在界既在象征秩序之前也在象征秩序之后到来,这难道不是一个明显的矛盾吗?回答是"是的!",并且对那些到目前为止一直忠实阅读本章的读者而言,它会让人想起黑格尔的辩证法。这就是为什么,在齐泽克看来,实在界是辩证法的舞台,在那里,对立项可以实现统一。与此不同的是:在想象界中,两个对立项可以通过一种和谐的综合得到

调解,而在象征界里,两个对立项得到了不同的定义,其中一个 28
是某种东西是因为它不是某种另外的东西。鉴于齐泽克对矛盾修辞的喜好,或许不难看到他为什么偏爱实在界甚于另外两个秩序,因为只有在实在秩序中,矛盾才不被抹除。

我想在这里表明的最后一点是实在界和象征界之间的关系,即如果象征界不是对实在界的一种不完整的或不充分的解释,如果我们可以直接地理解实在界,那么,作为主体的我们,都会消失。对此的原因在于,如果一切都恰好是它意图所是的东西,如果一切都可以被完全地把握,如果你看世界的方式和我看世界的方式之间没有任何的不一致,换言之,如果每一个能指都完美地符合每一个所指,每一个符号都符合每一个被指示者,那么,就不会有任何的意指链。存在的一切只是和实在界完美一致的象征秩序。让我们成为人的东西,更确切地说,让我们成为主体的东西,是意指链和我们对它作出的决定,而这些都会消失,并且,我们也会因此随之消失。所以,如果我们都同意艾滋病危机是中情局的一个阴谋,同意所有的人类都是一群猿猴,同意萌芽是植物界最好的产物,等等,那么,我们就根本不再是人或主体,我们只会是自动机或机器人,盲目地服从象征秩序的指令。这不是说我们会在肉体上消失,而是说作为作出决定和选择的会思考的存在者,我们会蒸发掉。

或许,在如下情形产生的感觉中就有某种关于这一经验的东西:当你开了一小时左右的车时,你突然意识到,你根本不记得旅程。这是因为,用拉康的话说,你是一台自动机,自动地、不经思索地服从驾驶的法规,而法规在这个情形里就成了象征秩序的一个例子。在驾驶期间,你只是成为了象征界的一部分,而作为主体的你,消失了。然而,要是迎面开来的一辆卡车突然意

外地转向你这一侧的道路，那么，这就可被视为实在界的一次闯
入。你不得不决定怎样做，或许是刹车或转弯，并且，在决定的
那一刻，在选择如何应对实在界的这一闯入的过程中，你重现为
29 一个主体。在这个意义上，齐泽克认为，主体存在于交界面，或
存在于象征界和实在界的边界。很简单，如果两个秩序之间没
有任何的互动，那么，主体就压根不存在。

实在(界)的哲学家

有时，齐泽克被人指涉为“实在(界)的哲学家”(philosopher of the Real)。这样的指涉一部分是一场关于“实在”一词的游戏，因为齐泽克讨论“实在”的话题，例如欧洲的厕所设计或阿诺德·施瓦辛格(Arnold Schwarzenegger)的电影，而不仅仅讨论和我们经历的生活没有直接关系的抽象观念。然而，它如今也大概清楚地指向了拉康的实在界，一个被齐泽克拓展了并成为了他自己的概念。在这里，我们应该记住，在有关实在界的写作中，齐泽克几乎总是在一种同象征界的关系中来写实在界。这就是让齐泽克的作品显得独一无二的一部分原因，因为在他适时地迈入国际批评舞台之前，绝大多数的理论家倾向于把焦点聚集在象征界和想象界之间的关系上。正如我们会在随后的章节中看到的那样，通过把关注的焦点转向实在界和象征界之间的对抗，齐泽克能够从性别、意识形态、种族和后现代的角度，对主体作出一种极度连贯的阐释。

小 结

齐泽克作品的三个主要影响者是黑格尔、马克思和拉康。

- 黑格尔为齐泽克提供了他所使用的思想类型或方法论，这种思想类型被称为辩证法。在齐泽克对黑格尔的阅读中，辩证法从未得到最终的阐明。
- 马克思是齐泽克作品背后的启示，因为齐泽克试图做的就是为马克思主义的思想传统，尤其是意识形态批判的传统，作出贡献。
- 拉康为齐泽克的分析提供了一个框架或一套术语。对齐泽克而言，特别重要的概念是象征界和实在界。齐泽克把主体定位于这两个秩序的交界。

2

主体是什么并且它为什么如此重要？ 31

我思

齐泽克的《敏感的主体》的导论这样开篇："一个幽灵在西方学术界徘徊……笛卡尔式主体的幽灵"（*TTS*：1）。他宣称，笛卡尔式的主体，或人们所知的"我思"（cogito），被不断地暴露给了那些想要把它从当代思想中驱逐出去的尝试，这些尝试者有：新时代的蒙昧主义者、后现代的解构主义者、哈贝马斯主义者、海德格尔主义者、认知科学家、深层生态学家（Deep Ecologists）、后马克思主义者和女权主义者。简言之，几乎所有人都在斥责我思。所以，齐泽克的逆向思维模式的狂热追随者会毫不惊讶地得知，和所有这些理论派别相反，他完全支持笛卡尔式主体的模式。一切都提出了一个问题：我思是什么并且为什么所有人（除了齐泽克）似乎都想与之决裂？

虽然我思的观念最初是由教会的奠基人之一，圣奥古斯丁

(Saint Augustine,354—430)提出的,但我们所知的我思形式首先源自法国哲学家、数学家和士兵笛卡尔(1596—1650),笛卡尔通常被指涉为现代哲学之父。笛卡尔的我思的起点是一个寒冷的冬日。天气是如此地冰寒,以至于笛卡尔钻到了一个十分巨大的设有火炉的房间里取暖并在那里呆了一整天。在闭居期
32 间,笛卡尔开始了后来以他的名字命名的哲学程序:笛卡尔式的怀疑。这一程序的关键是确立能够被真实地知道的东西。

笛卡尔首先隔离了其感官的显见性:他真的穿着便袍坐在火旁吗?他得出结论,他不能够肯定。他曾不时地梦见这样的一个情景,并且,在他梦中,这也看似真的。然而,即便梦本身是一个幻觉,但梦所使用的概念,表面上和现实相一致的形状、数目、大小这样的数学概念又如何?笛卡尔承认,虽然这些看似正确,但还有一种可能,即它们都是一个旨在愚弄他的邪恶的精灵发明出来的。如果是这样的话,那么,笛卡尔就认为,只要他不以某种形式存在着,他就无法被欺骗。鉴于他的身体也可能是一个幻觉,笛卡尔总结说,至少他的思想必须存在,如果它要被欺骗的话:

> 因此,如果他骗我,那么毫无疑问我是存在的;而且他想怎么骗我就怎么骗我,只要我想到我是一个什么东西,他就总不会使我成为什么都不是。所以,在对上面这些很好地加以思考,同时对一切事物仔细地加以检查之后,最后必须作出这样的结论,而且必须把它当成确定无疑的,即有我,我存在这个命题,每次当我说出它来,或者在我心里想

到它的时候,这个命题必然是真的。[1]

(Descartes 1968:53-54)

这句话和第一原则——“我思故我在”(cogito, ergo sum)——就是“我思”一词所指定的东西。

我思与后结构主义者

关于我思,有许多的解释方式,但我们在此感兴趣的只是两种:后结构主义的版本和齐泽克的版本。对绝大多数的后结构主义者而言,我思是中心化了的主体的基础,或者,正如人们更普遍知道的,“个体”的基础,并且,我思被他们视为哲学宠坏了的顽童。个体(individual),正如其名字所暗示的,是不可分的(indivisible)。在我们日复一日的生活中,我们倾向于把我们自己视为个体,因为我们感到我们是完整的,受自己控制的,而不服从于外部力量的怪念。当笛卡尔宣称“我是一个什么东西”时,我们知道“我”,“我思”的“我”,就是一个个体。正是“我”在进行思考——是思想属于他,而不是他属于思想。换言之,“我思”的“我”是其自身的主人。所以,一个个体是自身透明 33
的——没有什么可以阻碍它对自身的理解,因为它完全地控制着自身的行动,对自身的行动拥有完全的自主性。不存在等着让心灵出丑的灵魂的黑暗的尴尬事,不存在威胁着要背叛其说话者之意思的词语,不存在突然把个体从其杆子上吹走的历史狂风。个体的世界是一个无瑕的、无风的、安全的环境。

---

1 引自笛卡尔. 第一哲学沉思集[M]. 庞景仁,译. 北京:商务印书馆,1986:23. ——译者注

后结构主义

“后结构主义”(post-structuralism)一词指示了一群关系并不紧密的哲学家和理论家所写的那部分作品。最杰出的后结构主义者是法国人雅克·德里达(1930—2004)和罗兰·巴特(1915—1980)。拉康通常被归入这个群体,但齐泽克反对这一做法,并且指责德里达不断地误读拉康的作品。一般而言,后结构主义强调语言的作用,表明语言如何影响我们的所知和我们的所是。后结构主义认为现实就是一个语言文本,并且,正如语言总是不稳定的,服从意义的一种持续滑移一样,现实也是不稳定的,并超出了我们对它的控制能力。

所以,它是一种完美状态。其主要的优势在于,没有什么会冒犯个体的自主性。每一个人,就像俗话说的,都是一座自足的、独立的岛屿,可以自由地做它想做的事。但其主要的劣势也在于,没有什么会冒犯个体的自主性。每一个人都是一座自足的、独立的岛屿,可以自由地做它想做的事。换言之,个体的特征似乎赋予了它一种同时也让它毁灭的恩赐。这是因为被如此看待的个体是绝对主观的,一切都处于它的统治之中并服从它的控制,根本没有客观性。

如果这看起来只是一个哲学的难题,那么,主体性的这一模式的后果同样在“现实”内部引人注目。例如,在以前,人们(至少是男人)普遍地认为,只有男人才是自己的主宰。而女人被认为屈服于她们无法恰当地控制的激情和感觉。也就是说,女
34 人不是中心化的主体,而是去中心化的主体。所以,她们不是“固有”的个体,因此被当作第二公民来对待,服从于专横的男人的统治。事实上,对女人的统治构成了一个对自然界本身之

统治的更大计划的一部分(女人是自然界的一部分)。这一计划(它有时被指涉为启蒙计划)的结果,可以在环境所遭受的破坏中得以目睹。如果用星球的毁灭来指责一种哲学的模式看似还有一点草率的话,那么,我们或许应该记住,只有一种认为自己只回应自己的主体性才会冒着毁灭自然的危险而不期待自己为之承担责任。因为在毁灭自然的同时,我们事实上锯掉了我们正坐于其上的树枝。

那么,在这种猖狂的主观主义的背景下,哲学家(其中就有后结构主义者)发觉他们需要一副客观主义的矫正面具,或许就不那么令人惊讶了。他们以别的学科的发展为基础,这些学科早已在削弱中心化主体的不朽权威。例如,波兰天文学家哥白尼(1473—1543)表明地球围绕着太阳旋转而不是相反,从而把人类推到了太阳系的边缘。同样地,英国博物学家查尔斯·达尔文(1809—1882)证明人是服从大自然规律的猿猴的一种,而非与其他动物不同的品种。在20世纪初开创精神分析领域的过程中,弗洛伊德对无意识的揭示证明我们心理生活的绝大部分是不可通达的并且无法控制的。这一切的发展,连同其他的发展,都有助于打破个体的看似不可动摇的主观主义,表明它同样服从自身外部的力量,或者,它属于一个不以它为中心的世界。

基于这些理论,后结构主义者拒斥我思的观念及其相关的个体主义,并用去中心化的主体取而代之。正如我已经表明的,这个主体不是一个具有自我决断权力的自主的存在者,而是一种话语结构的效应,其中,相互竞争的话语横贯了主体并通过主体来说话。由此,主体的意义不在内部或自身的中心,而在相互竞争的话语中,例如,在无意识或意识形态的话语中,被去中心

35 化了，或被置于主体的外部。所以，主体被这些话语所决定或驱使。它无法决定自身，而只能服从（或以一种“主观的姿态”服从）当今的主流意识形态或历史。所以，具有荒芜形式的去中心化的主体不过是一个具有压倒性力量的木偶，正如齐泽克指出的，其个体的唯一的发泄方式是在牵线的末端体验它的生命：

> 在“后结构主义”中，主体通常被化约为所谓的主体化，它被设想为根本就是非主体过程的一个结果：主体总是被（“书写”的、“欲望”的……）前主体过程所捕获和穿越，强调的重点在于个体不同的“体验”、“经历”模型——他们将其位置“体验”、“经历”为历史进程的“主体”、“行动者”、“行为者”。[1]
>
> （*SOI*：174）

换言之，后结构主义的主体，正如德里达认为的，只是“语言的一个‘功能’”（Derrida 1973：145），是象征界的一台注定要用腹语说出大他者之话语的自动机。

这一模式的一个问题当然在于，客观世界将个体的主观世界蚕食到了这样的地步，以至于主体性只剩下一点或者没有了。如果一切都是客观的，如果我的性格中压根没有主观的因素，那么，我就不再拥有任何的特殊性或任何的个体性：我只是体系或象征界在其中说话的一个点。但这同样是不对的。例如，如果我是一个去中心化的主体，只是一个被意识形态、语言、无意识操纵的牵线木偶，那么，我如何决定在早晨喝咖啡而不是喝茶？

---

1 引自齐泽克.意识形态的崇高客体［M］.季广茂，译.北京：中央编译出版社，2002：238.有改动。——译者注

作出这个决定,或者诚然是任何决定的“我”在哪里? 显然,在一个纯粹客体性的世界里,这个“我”并不存在,但同样明显的是,我们也不活在这样一个世界里,因为我们的确作出了这种决定。

那么,我们到目前为止已经考察的两种主体性模式都因极端主义的形式而变得无效,它们要么倾向于过度地夸大主观的东西,要么倾向于过高地赞扬客观的东西。一种全面的主体性必须在两者之间维持一种富有生产性的和谐,既要保存个人的领域,好让我们都存在着,又要让这样的确保建立在非个人的基础上,好让我们有地方存在。为了找到这样一个主体,我们必须回到齐泽克对我思的阅读,并检查他如何以一种完全不同于后 36
结构主义者的方式来理解我思。

疯狂:自然和文化之间的消隐的中介

齐泽克对我思的阅读更多地得益于笛卡尔抵达其著名论断时所用的方法而不只是我思本身。特别地,对齐泽克而言,笛卡尔式怀疑的方法为我们提供了一种有效的洞察,关于我们如何从沉迷于自然(或客体性)的存在者转变为以文化(或主体性)为支撑的存在者。根据齐泽克的说法,像德国哲学家康德(1724—1804)和黑格尔的著作,都受到这一转变之问题的困扰。我们如何在某一刻只是自然的一部分,只是一个客观世界的一部分,而到了下一刻,我们又成了能够对其余世界采取一种主观态度的会说话的存在者? 由于黑格尔和康德都无法假定文化是被奇迹般地授予人类的,所以,他们被迫发明一个既不完全属于自然但也不完全属于文化(或逻各斯[logos]——词语,就像齐泽克以不同的方式表述的)的生物。例如,在黑格尔的作品里,这个之间的位置就被黑格尔所谓的"黑种人"占据了,那样的民族既受束于自然又试图征服自然。

但对齐泽克而言,自然和文化之间消失了的关联要在笛卡尔式怀疑的过程中被人发现。齐泽克把笛卡尔式怀疑的过程描述为一种向着自身的回撤:这样的回撤被笛卡尔自己的身体向着火炉的回撤象征化了。笛卡尔切断了自己与世界的联系,他系统地斩除了同周围环境的一切关联,剩下的只是他和我思的关系。正是在这里,在彻底回撤的姿态中,齐泽克确定了从自然到文化的隐秘进程。在齐泽克看来,这样的姿态,就是一种疯狂,即黑格尔的"世界之夜"(night of the world)的特殊疯狂:

> 这个黑夜作为自然内在本性的虚无,它在变幻万象的世界中纯粹自我存在着,万事万物围绕着它,它们像白色的幽灵时而吐出血盆大口,时而倏忽即逝。一旦人们穿越可怕的黑夜而寻求人类的本性,他们所看到的便是这样的景观。[1]
>
> (*CATU*:258)

37 只有当现实被这个"世界之夜"暗蚀了的时候,只有当世界本身被经验为缺失,被经验为绝对否定性的时候,建构一个象征的世界或一个文化的世界,才变得可能,并且诚然是变得必要(如果我们要从疯狂中逃离的话)。笛卡尔的向着自身的回撤恰恰是这样一种对根本之缺失的经验。在齐泽克看来,笛卡尔的我思不是个体的实质之"我",而是否定性的一个空点。这个否定性

---

1 引自齐泽克.敏感的主体:政治本体论的缺席中心[M].孙晓坤,译.南京:江苏人民出版社,2006:28-29.——译者注

的空点不是“虚无”而是万物的反面,或一切规定性的否定。正是在这里,在这个没有任何内容的空洞的空间中,齐泽克确定了主体的位置。主体,换言之,就是一个空虚。

对齐泽克而言,恰恰是这样的空虚能够实现从一种自然状态到一种文化状态的过渡。这是因为,如果一个事物(或一个对象)和这个事物的表征(或词语)之间不存在一道裂隙,那么,它们就是同一的,而主体性就不会有任何的空间。只有当我们首先“谋杀”了事物,只有当我们在词语和词语所表征的事物之间创造出一道裂隙的时候,词语才能存在。而这道裂隙,自然和沉浸于其中的存在者之间的裂隙,就是主体。换言之,主体是自然状态和文化状态之间的缺失的联系,或者,就像齐泽克说的,是“消隐的中介”(the vanishing mediator)。在这里,齐泽克的要点在于,从自然到文化的过渡不是一个可以用演化的叙事来讲述的故事,就像黑格尔提供的故事。在我思中达到顶点的向着自身的回撤毋宁不得不被假定为两者之间的消隐的中介,是过渡围绕着它而得以组织的缺失的联系。换言之,我们不得不首先摆脱“实在界”,然后才能以象征秩序的形式为它建构一个替代者。齐泽克把这个消隐的中介解读为一个穿越疯狂的过程,并因此把主体(也就是消隐的中介)视为疯狂的。所以,在齐泽克看来,疯狂是理智的先决条件,即一个文明主体之“正常”的先决条件。

消隐的中介

“消隐的中介”是齐泽克自《因为他们并不知道他们所做的》以来一直使用的一个概念。齐泽克从北美马克思主义批评家弗雷德里克·詹姆逊(Fredric Jameson,1934—)的一篇文章《消隐的中介,或作为故事讲述者的马克斯·韦伯》(The
38 Vanishing Mediator, or, Max Weber as Storyteller)那里借用了这个概念。在文章中,詹姆逊分析了颇有影响力的德国社会学家韦伯(1864—1920)提出的对马克思主义的批评。简单地说,这种批评宣称,新教是资本主义出现之可能性的条件,由于新教是一种宗教而资本主义是一种生产模式,因此,这样的解释就颠覆了经济基础决定上层建筑的传统马克思主义等级制度。詹姆逊对此的回应是表明资本主义如何通过一种完全符合马克思主义的辩证运动,从新教中发展出来。他认为,这样的辩证法是由他所谓的“消隐的中介”——两个术语之间的缺失的关联——驱动的。在这个例子里,他认为新教就是封建主义和资本主义之间的消隐的中介。在新教到来之前,宗教是一个和经济分离的领域。但新教,一个普世化的宗教,把劳作的世界带到了其范围之中,鼓励人们通过积累财富和辛勤劳动来过一种禁欲的生活。由此,它为资本主义创造了可能之条件。当然,讽刺的是,资本主义的到来导致了对宗教的普遍废弃,尤其是对新教的废弃,正如詹姆逊写道的:

> 从(新教)这个词的严格的意义上来说,正是“催化作用”允许两个不同的相互排斥的术语之间的能量的互换。我们可以说……宗教本身的整个社会公共机构……接着

> 作为一种包含一切的方括号或框架,在它内部发生变化,而当它的用处一旦结束,它就会被取消或移走。[1]
>
> (Jameson 1988b:31)

那么,消隐的中介就是协调两个对立概念之间的转化并在随后消失了的一个概念。

齐泽克把注意力投向了一个事实,即消隐的中介是由内容和形式之间的不对称性引发的。正如马克思对革命的分析,就内容在一种现存形式的参数内部变化着而言,形式落后于内容,直到内容找到了突破现存形式的方法并撕下它的面具,揭示出一个取代它的新的形式。例如,对詹姆逊的文章,齐泽克就提出这样的评论:

> 从封建主义到新教主义的途径(passage),与从新教主义到具有利己主义宗教的资产阶级日常生活的途径没有相同的特征。第一个途径关系到"内容"(在保 39
> 持或者甚至加强宗教形式的伪装下,关键性的变化——将经济活动中的禁欲贪得[ascetilacquisitive]的思维方式确定为展示天赐之物的领域——发生了),而第二个途径则是一个完全正式的行动,一种形式的变化(一旦新教主义实现了禁欲贪得的思维方式,它就可能作为形式而衰败了)。[2]
>
> (*FTNK*:185)

---

1 引自王逢振. 詹姆逊文集·第2卷:批评理论和叙事阐释[G]. 北京:中国人民大学出版社,2004:364. ——译者注

2 引自齐泽克. 因为他们并不知道他们所做的:政治因素的享乐[M]. 郭英剑,译. 南京:江苏人民出版社,2007:225. ——译者注

> 齐泽克在这一过程中看到了黑格尔的“否定之否定”的证据,即辩证法的第三个时刻。第一次否定是旧形式内部以形式的名义作出的内容的突变。第二次否定是形式本身的废弃。由此,某个事物通过表面上加强自身而矛盾地成为了自身的对立面。在新教的例子里,宗教态度的普世化最终导致了它作为一个私人沉思的问题而遭到抛弃。也就是说,新教,作为对封建主义的否定,自身又为资本主义所否定。

上帝的诞生:通过谢林来阅读我思

齐泽克为这个主体谱系学的理论找到的参照点是德国哲学家弗里德里希·威廉·约瑟夫·冯·谢林(Friedrich Wilhelm Joseph von Schelling,1775—1854)的著作。在齐泽克看来,谢林就充当了哲学史上的一个消隐的中介。谢林的作品是唯心主义和唯物主义之间的无形的关联,在维持着先前哲学家的唯心主义形式的同时,他引入了一种随后被马克思、德国哲学家尼采(1844—1900)和弗洛伊德所采取的唯物主义的内容。正因为齐泽克把谢林解读为一个消隐的中介,他才没有忽视谢林作品中看似是一种隐晦的宗教神话的东西。正如齐泽克评论的那样,“任何想要抛弃所谓‘不正确’的部分或方面的尝试都不可避免地导致了对真理本身的丢失”(*TIR*:7)。

记住了这点,我们或许就不那么惊讶地发现,齐泽克把他的绝大部分精力花在了谢林《世界的时代》(*Die Weltalter*)的第二份(一共有三份)手稿上,而在那个文本中,谢林思考的无非是上帝的起源。上帝的起源,正如齐泽克提醒我们的,是《约翰福音》中众所周知的话:“太初有道”(In the beginning was the
40 Word)。齐泽克用一个大写的B规定了这个“太初”(begin-

ning)——它是开端(Beginning)。然而,在齐泽克看来,谢林的哲学完全地关乎一个事实,即开端不处于开始。在开端之前,“是盲目驱力的混沌的精神错乱的世界,是其旋转的运动,是其一致的颤动”(*TIR*:13)。这些驱力(drive)是现实的终极根据(*Grund*)——万物的基础。无物先于它们而存在,除了这个“无”本身,也就是这个深渊(或 *Ungrund*[无根据])。

正如齐泽克关于此话题的书名所暗示的,这个深渊的本质,是一种绝对的自由。它不是一种“属于”任何人的自由,它也不是一个主语的谓词;它毋宁是“一种不意志什么的纯粹非个人的意欲(Wollen)”(*TAOF*:15),是一个对谢林而言,必须被假定存在着的残酷的偶然的事实。在一开始(记住,它先于开端),上帝是自由的一部分——他还不是个体的存在。他是一个享受非存在状态的纯粹的虚无。然而,这样的满足包含了内在不满足的种子。这是因为纯粹自由的无忧无虑的安宁是基于一个事实,即它是一种无所求(wanting nothing)的非肯定的意志。无论如何,想要“无”(wanting “nothing”)是一种自在的肯定,正如齐泽克所解释的:

> 原始自由的纯粹潜能——一个无所求的非肯定的中性的意志的这种有福的平静,这种纯粹的享乐——以一种主动地、实际地想要这个“无”(一切肯定的、确定的内容的消灭)的意志的形式,将自身现实化了。
>
> (*TIR*:23)

无所求和想要“无”是同一枚硬币的两面,是构成开端之前的驱力的旋转运动的收缩和扩张。想要“无”的意志是肯定的、扩张的意志,而无所求的意志是否定的、收缩的意志。结果是一个循环的僵局。

齐泽克把这个循环的僵局,这个旋转的运动,解释为开动的失败尝试,解释为如此之多的错误的开始。它是一个恶性循环,其中,上帝没有在他自己和他的谓词之间作出区分。换言之,上帝只是根据(*Grund*)的一部分,是现实之基础的一部分,但还不是凭借自身的独立的实体。为了实现他的独立,上帝不得不让自己摆脱根据。正如齐泽克解释的:

41 > 为了将自身确定为一个摆脱了盲目必然性的实际自由的实体,简言之,确定为一个人,绝对者不得不清理自身当中的混乱,其方式是与那个在它之中不是上帝本身而只是其存在之根据的东西保持距离,也就是把根据从他自己身上驱逐出去。
>
> (*TIR*:36)

正是在这里,我们发现了一种同笛卡尔自己确保的哲学第一原则,即存在之坚实根基的尝试的相似性。因为上帝用来为自己的存在确立根据的唯一方式,和笛卡尔一样,是摧毁一切确定的内容,是从世界当中撤出,可以说,是“把根据从他自己身上驱逐出去”。齐泽克把这样的行为描述为一种神圣疯狂的形式,类似于黑格尔的“世界之夜”的疯狂。换言之,正如齐泽克巧妙地表述的:“上帝自己‘失去了理智’”(*TAOF*:11)。他不得不在他可以存在之前冒着疯狂的危险。对齐泽克而言,正是这样的精神失常构成了虚无和上帝自己之间的消隐的中介。

这里的关键是认识到——因为这是一个贯穿齐泽克作品的主旨——主体(在这个例子里是上帝)是由一种缺失,一种自身对自身的清除,一种对产生它的根据或本质的驱逐,构成的。在这个意义上,主体总是一个怀旧的主体,永远试图恢复它的缺失。然而,为了让主体能够保持其作为一个主体的一致性,这个根据必须总处于主体的外部。换言之,主体为了成为一个主体,必须将自身外在化。这意味着,主体不再和客体相对立,就像我们已经考察过的主体性的另两种模式;主体和客体毋宁是彼此牵涉的:主体就是其自身外部的客体。主体维持着齐泽克——遵循拉康的说法——所谓的一种同自身的"外亲"(extimacy)的关系。"外亲"是"外在"(external)和"亲密"(intimacy)两个词的合成。这种外在的亲密或外亲规定了主体之存在处于其自身之外的方式。如果这听起来有点难以概念化,那么,最简单的思考方式或许是把它比作你的眼球。你可以看到一切事物,除了那个观看的部分,也就是你自己的眼球。你可以看到你眼球的唯一方式是看着一面镜子,在镜子里,眼球处于你自己的外部。主体就处于一种类似的地位:它是一种关于现实的视角,它无法在自身当中,而只能在现实之"镜"里,被把握。

从主体到主体化 42

主体在其中被外在化了的位置是词语(Word),即宣告开端的词语:

> 确切地说,词语如何释放旋转运动的张力,它如何协调收缩力量和扩张力量之间的对抗?词语是以收缩的对立面,即扩张的形式呈现的收缩,也就是说,当主体说出一个词语的时候,主体就把他的存在收缩到了他自身之外;他把其存在的核心"凝结"在一个外在的符号里。在(词语)符号里,我——可以说—发现自己处于自身之外,我把我的

> 统一性置于自身之外,置于一个代表我的能指里。
>
> (*TIR*:43)

这里的问题在于,如果我发现自己处于自身之外,那么,我就不再是自身同一的了。代表我的能指只是一个表征,但它事实上不是我。然而,如果我要成为一个主体,那么,我就无法避免这种不可弥补的缺失,因为只有出于这样的缺失,我才实际地成为了某个东西而不保持为无。

或许,我们可以通过拉康的术语来让齐泽克对谢林的解读变得更有意义。事实上,齐泽克在某一处评论道,从驱力的封闭的旋转运动到词语之宣告的过程只是从实在界到象征界的过程。实在界,或根据(*Grund*),是语言分割之前的世界,而语言,或词语,是象征秩序的媒介。一个人会补充道,驱力的旋转运动可以被描述为一种关于实在界的想象界经验。驱力的无止无尽的颤动,其无限的收缩和扩张,就好比镜像阶段,当自我在同一和差异之间摆动的时候,它对其自身发动的内战。在这个阶段,上帝就像镜子里的幼儿,是一个纯然自身相关的实体。他没有任何为其存在准备的客观的停泊地:一切都只是主观的,或在他"内部"的,正如齐泽克断言:

> 这一上帝仍不是造物主,因为在创造中,拥有最小自身一致性和在其造物主之外存在的他性存在(被收缩的现实)被假定了——然而,这是在其自我论疯狂中的上帝不能忍受的东西。[1]
>
> (*TAOF*:17)

1 引自齐泽克.自由的深渊[M].王俊,译.上海:上海译文出版社,2013:30.有改动。——译者注

只有随着词语(或一种关于实在界的象征界经验,它把一道切口 43
引入了实在界并代替了它)的说出,上帝才能够确立他和实在界的距离。通过一种实质上相同的方式,虽然作为身体的我们仍是实在界的一部分,但作为象征界主体的我们也与它区分开来。也就是说,虽然我们根植于自然并且只能在我们身体内部幸存,但同时,我们不只是我们的身体;我们毋宁拥有我们的身体并可以自由地与它们相关,而恰恰是语言能够让我们做到这点。

通过拉康来阅读谢林

一旦你已经把握了拉康的想象界、象征界和实在界的概念,那么,你会注意到,在齐泽克的哲学写作中,例如在他对谢林的讨论中,他总是用这些概念来解释其他哲学家的作品。这是因为,正如齐泽克在某些时候承认的,“我整个作品的核心是努力把拉康当作一个特殊的知识工具来把德国唯心主义再现实化”(*TZR*:ix)。这提出了三个相关的问题:德国唯心主义是什么,它为什么需要再现实化,以及“再现实化”意味着什么?“德国唯心主义”的概念指的是康德、费希特(1762—1814)、谢林和黑格尔这样的哲学家的作品。齐泽克相信德国唯心主义需要再现实化的原因是,他认为我们都被教着用一种方式来理解德国唯心主义,而他把德国唯心主义的真理视为某种别的东西。“再现实化”(借用自谢林)的概念指向了一个事实,即对德国唯心主义的阐释有不同的可能的方式,而齐泽克希望以一种和通常不同的方式来实现这些可能性或让这些可能性变得“现实”。

在最根本上,我们倾向于被教导说,德国唯心主义者认为事物的真理可以在其自身当中被找到。对齐泽克而言,一方面，德国唯心主义的根本洞见在于，事物的真理总是外在于自身。所以，例如，我们经验的真理就在我们自身之外，在象征界和实在界当中，而不是深埋于我们内部。我们无法看穿自己并找出我们自己到底是谁，我们无法洞悉我们的中心，因为我们到底是谁的答案总是在别处，而我们的中心，可以说，是在总先于我们而存在的象征界构造和我们为了进入
44 象征界而不得不首先否认的实在界的某个别的地方。

拉康占据了一个对齐泽克而言特殊的地位，这是因为齐泽克作品的关键可以在一个命题中被找到，即自身同一性是不可能的。事物的同一性，其独一性或“单一性”，总是分裂的。换言之，总存在着事物的过度，一种除不尽的剩余，或一丁点的残留，这意味着它无法自身同一。例如，一个词语的意思从来无法在这个词语自身当中被找到，而毋宁是在其他词语中被找到。“猫”的意思无法在“猫”一词中找到，而是在“小型的驯养的猫科动物”这样的词语中找到。所以，“猫”的意思就不是自身同一的。齐泽克对包括谢林在内的所有德国唯心主义者的阅读，充满了这种自身同一之不可能性的原则。例如，正如我们看到的，开端其实根本不是开始——开端的真理在别处；它是自身分裂的或不一致的。

让我们自己服从语言和象征秩序之剩余的过程就是齐泽克所谓的主体化（subjectivization）。虽然这听起来像一个后结构主义主体的构成，但差别在于，对齐泽克而言，主体化需要被视为一个双向的过程。一方面，象征秩序，或大他者，先于我们并通过我们说话。例如，我们会在一个家族里出生并承担那个家

族的名字,占据一个特殊的社会—经济地位,信奉一个特定的宗教,等等。另一方面,因为象征秩序是不完整的或由一种缺欠构成(这个缺欠就是主体),我们整合象征界的这些元素或向我们自己叙述它们的方式就取决于我们。例如,我们会否认我们的家族并改变我们的名字,发明一个新的宗教,等等。即便我们是某种类型的赛博格(cyborg),象征界当中的裂隙还是意味着我们不可被还原为象征界的纯粹功能或自动机,正如齐泽克在评论电影《银翼杀手》(*Blade Runner*)中复制人的模糊地位时注意到的:

> 虽然他们最私密的记忆事实上不是"真"的,而只是被植入的,复制人还是通过把这些记忆结合为一种个体的神话,一段允许他们建构其在象征世界当中位置的叙事,而把他们自己主体化了。
>
> (*TWTN*:41)

恰恰是复制人从被植入的记忆中创造出一个个体故事的能力使 45
他们看似人性的,因为这完全也是我们在做的事。我们维持着我们以一种个体的方式来整合象征界元素的能力,并且,这恰恰是由齐泽克所谓的"自我"(Self),他所定义的"叙事重点的中心"(*CATU*:261)完成的。换言之,自我填补了主体的空虚,虽然主体从未发生变化,但自我向着不断的修改敞开。

小　结

和其他几乎所有的当代哲学家不同，齐泽克认为笛卡尔的我思是主体的基础。然而，虽然绝大多数哲学家把我思解读为一个实体的、透明的、完全自身意识的，彻底控制其命运的“我”，但齐泽克认为，我思是一个空洞的空间，是当余下的世界从其自身当中被排斥出去的时候留下的东西。象征秩序是世界直接性缺失的替代，主体的空虚正是在那里被主体化的过程填补。在主体化的过程中，主体被赋予了一个身份，并且这个身份是被自我所修改或更改的。

3

后现代性有何可怕之处？

后现代的风险社会

后现代的话题一直是过去大约二十年来批判思想家中间的一个多产的争论领域。绝大部分的争论聚焦于“后现代”(postmodern)的准确定义。一般而言,大多数思想家用“后现代性”(postmodernity)一词来指我们如今生活的历史和社会时代,并用“后现代主义”(postmodernism)来规定对这一时代的文化回应。“后现代主义的”(postmodernist)通常只是当作“后现代主义”的一个形容词形式来使用,而“后现代”有时只被用来描述“后现代性”的方面,有时也被用来描述“后现代主义”的方面。如果这些概念的可互换性常常导致混乱,那么,无论如何要清楚的是,通过(不论以何种形式)使用“后现代”一词,作家想要指明,他或她认为,在我们生活的社会—经济基础和/或文化对这个新基础的回应中,已经有了一种实质性的突变或改变。

齐泽克是那些认为我们正生活在后现代时期的思想家之一。他关于后现代性之分析的起点是德国社会学家乌尔里希·贝克(Ulrich Beck,1944—)和英国社会学家安东尼·吉登斯(Anthony Giddens,1938—)提出的"风险社会"(risk society)理论。这个理论标题中的风险指的是"低概率—高后果"风险,例
48 如碳排放的增长会导致全球变暖,植物基因和动物基因的修改会导致抗化学药物的昆虫,人工雌性激素对食物来源的污染会导致男性不育,等等。这些导致不可抑制之后果的情境,其任何一个发生的概率都是很小的,但只要其中的一个的确发生了,后果对人类而言就是灾难性的。

后现代主义和后现代性

两个最具影响的后现代性理论是由弗雷德里克·詹姆逊和法国哲学家让-弗朗索瓦·利奥塔(Jean-François Lyotard,1927—1998)提出的。詹姆逊主张过去的大约三十年已经见证了一股他所谓的"晚期资本主义"(late capitalism)的新资本主义浪潮的到来。晚期资本主义的特点是其影响范围,是其对生活的所有领域的迄今无可比拟的渗透。对詹姆逊而言(诚然也是对齐泽克而言,齐泽克大致利用了这一模型),后现代主义是晚期资本主义的文化逻辑,或文化对其商品殖民化的回应。詹姆逊定义的后现代主义的一些主要特征是:对先前分散的文化类型的整合(高级文化和低级文化的混合,还有不同风格的结合,例如西部片和科幻片的结合),历史感的丧失(体现为一种对怀旧的渴望),以及一种对表面或深度的心满意足的依恋(这可以在图像对世界的统治中被发现)。

> 虽然和詹姆逊一样,利奥塔原本也是一位马克思主义哲学家,但他对后现代性理论的贡献很大程度上是以一种对其马克思主义过去的回避为基础的。利奥塔特别提出,后现代是由“宏大叙事”(grand narratives)的侵蚀定义的。宏大叙事是声称解释生命整体或一切事物的故事或阐述。最著名的宏大叙事之一是马克思主义,而利奥塔排斥它(以及其他的宏大叙事)是因为他宣称它在如下的意义上是集权主义的或压迫性的:它要求忽视人和物的特殊性以支持一种普遍性。为了回应利奥塔以及其他此后采取了这一观念的批评家,齐泽克写了一本书,即《有人说过集权主义吗?》,断然拒绝这样的论述,并指责这样的批评屈服于晚期资本主义的文化逻辑。

这些风险的一个至关重要的方面在于,它们都是“人造的风险”,也就是说,它们是人类对自然界之干涉的结果。进而,它们是如此实质性的干涉,以至于我们再也不能允许自然纠正自己并因此为我们解决难题,因为每一个风险都包含了自然本身的出轨。所以,减轻这些风险之后果的唯一方法是通过进一步的科学和技术的干涉,而科学和技术的干涉反过来会产生其他不可预见的结果。我们就这样陷入了一个自反性的圆环,其中,一个风险的实际降低都终结于一个新风险的生成,而每一次控制我们环境的新的尝试都创造了新的不确定性。 49

这种自反性就是齐泽克对后现代性之理解的关键。我们可以说陷入了我们自身的罗网。科学家和政府机构无法以十足的把握来确定这些人造风险所导致的危险的程度,不是因为它们必然太过复杂，而是因为它们过于隐晦：

> 新的不透明性和不可测知性（关于我们行为的最终影响的不确定性）不是因为这一事实，即我们是被某些完全超验的全球性权力（命运、历史必然性、市场）所控制的木偶，而是因为“没有人掌管”，不存在这样的权力，不存在拉线的“他者的他者。”不透明性是因为今天的社会是彻底的“自反”的，不存在提供一种一个人可依赖的坚实基础的自然或传统。[1]
>
> （*TTS*:336）

换言之，我们如今生活在一个完全主观的世界里，在这个世界里，我们只是回答我们自己并且我们活着没有任何来自自然世界或我们自己的习俗和惯例的实质的基础。

大他者的瓦解

对齐泽克而言，“自反性”之普遍化的一个关键的方面是大他者，即社会建制、习俗和法则的公共网络的最终瓦解。齐泽克把这样的瓦解同拉康对上帝的评论相比较——不是说上帝如今死了，而是说他总是死了的，只是他自己不知道而已。同样地，在大他者从不首先作为一个物质的东西而存在的意义上，大他
50 者总是死了的。它曾经（并且现在）不过是一个纯粹象征的或虚构的秩序。齐泽克的意思是说，我们都参与了一种最小程度的理想化，否认了实在界的残酷事实，以支持其背后的另一个象征世界。他用“好像”表述这样的否认。为了同我们的邻人和

1 引自齐泽克．敏感的主体：政治本体论的缺席中心[M]．孙晓坤，译．南京：江苏人民出版社，2006:393．有改动。——译者注

谐共处,我们表现得好像他们没有发出难闻的气味或者看上去并不荒唐。当我们站在一个法官面前时,我们表现得好像他不是一个无知的老人,而是一根导管,法律就通过这根导管来说话。如果我们希望做忠诚的臣民,那么,我们就应该表现得好像皇帝真的穿着新衣而不是赤身裸体地在街上游行。

大他者就是这样一个我们每个个体都赞成的集体的小谎言。我们很清楚皇帝在我们面前(在实在界中)赤身裸体,但我们依然同意这样的描述,即他事实上(在象征界里)穿着新衣。那么,当齐泽克断言"大他者不再存在"的时候,他的意思是,在后现代的自反性的新时代,我们不再相信皇帝穿着新衣。我们相信我们眼睛的证据(他在实在界当中的赤身裸体)而不是大他者的谎话(他在象征界当中的新衣)。齐泽克并没有把这视为揭穿虚伪的一个值得赞叹的例子,而是认为我们"付出了更大的代价,即我们所属的共同体已经瓦解"(*FTKN*:12)。换言之,齐泽克所谓的"象征效力"(Symbolic efficiency)出现了终结。

象征效力指的是这样一种方式,即为了让一个事实为真,我们仅仅知道它是不够的,我们还需要知道这个事实也被大他者知道。齐泽克用一个笑话解释了这点:一个疯子认为自己是一粒玉米,当他被治好并被送回家后,他又回到了医生那里,惊叫道自己刚刚遇到了一只鸡,并认为它会吃掉他。恼怒的医生解释说他是一个人而不是一粒玉米,对此,疯子回答道:"是的,我知道,但鸡知道吗?"换言之,在他作为一个人的地位得到大他者确证之前,他还是一粒玉米。类似地,在得到既定的体育机构的确证之前,我不是世上最快的运动员。在我的诗歌出版之前,我不是一位诗人。同样地,在我通过驾驶考试之前,我只是一位驾驶学员。在每个情形里,即便我完全就是具有同样技能的同

一个人,但我作为世上最快的运动员、诗人或驾驶员的事实对我或其他任何相关的人而言都不是有效的,除非它得到了象征建
51 制的大他者的登记。

在这里,关键是要理解,对齐泽克而言,正是大他者把身份授予了当代主体的众多去中心化的人格。换言之,我人格的不同方面并不宣称它们在象征界当中拥有同等的地位——只有经过大他者登记的自我或诸自我才展示了象征效力,这种象征效力得到了其他所有人的彻底承认并决定了我的社会—经济地位。正如齐泽克指出的,发生这种情形的层面不是

> 与人的想象作用正好相对的"现实"的层面——拉康主张,在众多虚幻的身份背后,并不存有某个"真实自我"的硬核,我们面对的不是一种象征性虚构,而是一种具备展演能力的虚构(这是由一些与其内在结构无甚关联的原因引起的),也即它具有社会有效性,能够结构人所处的象征性现实。如果一个人与大他者之间的关联形式发生变化,那么他的地位(包括他们的"真实"特征在内)就能以一种完全不同的形态出现。[1]
>
> (*TTS*:330)

当某人与大他者的关系模式发生变化的时候,其地位也发生改变的一个相当普遍的例子是那些即便没有资格但还是作为医生进入医院并从业的人。这样的情形多年来并没有人知道,而且没有人察觉。在那段时间里,他们和其他有资格当医生的人一

1 引自齐泽克.敏感的主体:政治本体论的缺席中心[M].孙晓坤,译.南京:江苏人民出版社,2006:387.有改动。——译者注

样发挥医生的作用。然而,一旦人们发现他们是不合格的,他们的地位就会发生变化。他们所犯的一切错误如今都被视为一个骗子造成的不可避免的结果,而非一个专家的可以接受的失误。也就是说,在这些人未被发现是不合格的之前,他们的行为展示了象征效力,但在他们的凭证被发现是假的之后,同样的行为就不再展示象征效力了。

后现代超我:享受!

齐泽克并不必然地认为,精神分析的功能是哀悼象征效力的终止;他毋宁认为精神分析可以为我们提供有关这一终止之后果的重要洞察。那么,这些后果是什么? 或许,最明显的后果 52
是,随着大他者权威的终止,我们不再服从自然或传统,而是服从选择的主体。我们提及习俗只是为了冷落它并且我们提及自然世界只是为了突出它的不完美。我们就这样从一切惯常的纽带中挣脱,因此,我们所做的一切都成为了一个选择的问题。不论多么根本或多么琐碎——从我们孩子的性别,我们应该拥有蓝眼睛还是绿眼睛,我们吃早餐时麸片里是否应该加香蕉片,一直到我们是否应该被禁锢在一座坟墓里度过永恒,像尘埃一样四处飘浮或化身为一具木乃伊——一切都听从我们的选择。

如果摆脱一个反复无常的自然的残酷,或摆脱一种只偏爱极少数人的惯例的区别对待,听起来是一件好事,那么,齐泽克会赞同。然而,齐泽克没有说,我们已经同某种传统或习俗决裂,而是说我们同一切集体的行为模式决裂了。我们都不顾一切、随心所欲地做我们选择去做的事。除了假定一种完全自动的主体性模式的一般危险(这已在第 2 章得到阐释),齐泽克还论证了,我们生活的不断增长的自反性和象征效力的随之而来的终止也为我们呈现了一整套需要处理的全新的难题。

其中的一个难题是一种对服从的不断增长的依恋。如果我们不再服从大他者的律法，那么，根据齐泽克的说法，我们很可能通过唤起“私人律法”或统治和服从的关系，来弥补官方权威的这一缺失。为此，齐泽克引用了 SM 性依附关系的增长为例。在这些关系里，人们从自愿地成为主人的奴隶或服从统治者中汲取力比多的满足。换言之，这颠倒了我们所认为的惯常情境，即公共的管理被解放的僭越行为秘密地颠覆了。因为 SM 的增长指示的是这样的事实，即我们如今拥有的公开的平等被服务于私人控制的行为秘密地颠覆了。当每个人都有自由的选择时，让自己放弃那种自由的选择就成为僭越性的了。

对齐泽克而言，这样一种悖论的策略指明了精神分析不得不面对的自反性类型。例如，拉康作品中的一个老生常谈是说，
53 欲望的满足是不可能的，因为欲望本身就规定了一种不满足的状态。在这个意义上，欲望只能被终止，它从来无法被满足。然而，对歇斯底里症患者来说，欲望的这种不可实现的特点被自反性地转化为一种对欲望的欲望，好让欲望自身不被实现。类似地，强迫型神经症患者把欲望的调控转化为一种对调控的欲望。在所有这些例子里，关键的东西，根据齐泽克的说法，就是处于主体之中心的自反性——他宣称这样的自反性被风险社会的理论家们忽视了。所以，虽然这些理论家忙于拥护后现代主体（或他们所谓的“第二现代性”的主体）的自反性自由，但他们忘了说明主体通过一种总已经在那里存在的自反性来协调这一自由的方式。

我们可以看到这在，例如，我们所谓的宽容社会中运作。在性享乐的图像以及纵情于性享乐的邀请的持续轰炸下，性快感

无论如何再也不能说遭到了禁止。但对齐泽克而言,相反,性满足被提升到了一种官方意识形态的地位。我们被迫去享受性。这样的内疚——“享受!”的命令——标志着超我(superego)的回归。超我通常被视为禁令的一个内在代理:律法在我们头脑内部发出的低语。然而,在齐泽克看来,根据拉康晚期的说法,超我以一种不同于律法(即象征界的权威本身,而不是一个特定国家的法律)的方式运作,事实上,它是律法的对立面,从律法所压抑的东西中汲取能量。所以,律法是对享乐的弃绝,它通过告诉你不能做什么而呈现自身,但超我命令你享受你可以做的事。换言之,超我“标志了一个点,在那里,被允许的享乐,享乐的自由,变成了享乐的义务”(*FTKN*:237)。

律法

齐泽克在其作品的各个部分中提到了律法(law)。“律法”一词意指作为社会之基础的原则,它规定了一种以一套禁令为基础的集体行为模式。然而,在齐泽克看来,律法的统治掩盖了一种固有的无法则性,而这种无法则性恰恰是律法藉以将自身首先确立为律法的暴力:

> 在律法“之初”,有某个“法外之人”,某个暴力的实在界,它与建立律法统治的行动本身相符……律法藉以维系自身的违法暴力一定要不惜代价地隐瞒住,因为这种隐瞒行为是律法运行的积极条件。[1] 54
>
> (*FTKN*:204)

1 引自齐泽克.因为他们并不知道他们所做的:政治因素的享乐[M].郭英剑,译.南京:江苏人民出版社,2007:249.有改动。——译者注换言之，律法的权威并不源于某种正义的观念，而是因为它就是律法。也就是说，律法的起源只能在同义反复中找到——“律法就是律法”。然而，如果律法要正确地运作，那么，我们必须把它经验为正义的。只有当律法发生故障，只有当它成为了一个针对自身的律法，并且抵达自身的极限时，我们才瞥见了那些界限并通过引用“律法就是律法”来承认其偶然性。

正如齐泽克指出的，当享乐成为了义务的时候，它不再有趣。为了说明这个观点，齐泽克援引了电影《万世魔星》(*Monty Python's the Meaning of Life*)中对性教育的描述。不再是一个谈论小鸟和蜜蜂，引得学生咯咯笑的尴尬的教师形象，在这里，教师让学生直面一种私密而直接的性交剖析，甚至提供一种实践的示范。但学生要么尴尬，要么厌倦，最终看着窗外，就像他们在上一堂正常的、沉闷的课程时那样。在齐泽克看来，这个插曲表明了“事物‘正常’状态的真相：享乐不是一种直接的、自发的状态，而是由一个超我的命令维持的”(*TPOF*:173)。《万世魔星》所做的一切就是把通常作为无意识被隐藏起来的东西揭露出来。

这个例子也表明超我的“享乐”命令事实上是如何地单调乏味，让命令的接受者要么显得冷漠，要么无法享受他们被要求去享受的事情。为了证明这点，齐泽克引用了民意测验的趋势表明，人们对性活动越来越不感兴趣。这样的趋势也体现在伟哥的流行中，对齐泽克而言，超我在伟哥中采取了一种化学药物的形式。伟哥恢复了阳痿男性身上阴茎的勃起功能，允许他们

克服他们拥有的任何心理障碍（这些障碍很可能首先是由超我命令引起的）并让他们能够在任何他们想要的时候勃起。对齐 55
泽克而言，这意味着他们再也没有任何不做爱的借口，因此“你必须享受性；如果你不做，那就是你的错！”（*TFA*：134）。

那么，在这里，齐泽克的重点是说，超我的“享受！”命令作为一种对享乐的阻碍性通达的方式，比律法对享乐的直接禁止，要有效得多。所以，后现代的主体就像喜剧节目《荒唐阿姨》（*Absolutely Fabulous*）中的女儿。她的母亲不仅极端开放，而且主动要求女儿逃学、吸毒、做爱、酗酒、挥霍金钱，等等。但这种表面上激进的做法却让女儿感到恐怖，使得她无法享受这些通常被视为僭越的行为。结果，让她的母亲感到惊愕的是，她采取了一种彻底保守的生活态度，并通过勤奋学习，保持贞洁和清醒，以及试图对她的母亲强加一种批评体制，来进行“僭越”。换言之，女儿采取了一种受虐狂的立场，因为在其母亲的超我命令之下，留给她追求快感的唯一途径就是一定程度的痛苦的介入了。

保持真实（real）：他者的回归

后现代性的悖论在于，大他者之死提供的自由事实上被经验为一种负担，并且这样的负担在一种对规训的欲望中呈现出来。在这个意义上，它类似于齐泽克对黑格尔有关习惯之讨论的分析。对黑格尔而言，习惯是一种对世界的机械反应，它让我们摆脱了对细节的费时的关注，从而允许我们处理更加深刻的事。正如齐泽克主张的：

> 我们知性的创造力只有在某种强制的观念框架内才能

> 得到“释放”，正是在强制的观念框架中，我们可以“自由地运动”——这种强制框架的缺乏必然被经验为一个无法忍受的负担，因为它迫使我们不断地关注我们如何回应我们自己所处的每一个特殊的经验情境。
>
> （*TIR*：25）

齐泽克提供的关于这样一个框架的终极例子就是语言本身。你可以在一种语言内部自由地思考，只要你掌握了其句法和语法
56 的规则，只要你不再需要为一个词的确切意思而查阅字典，等等。没有习惯或这些规则的框架，你就把语言经验为一种负担。

后现代性的自由类似于在没有一个语法框架的情况下言说一种语言的自由。我们没有要遵守或解释的规则。所以，大他者的终止已经目睹了许多小他者或局部的大他者的兴起，以弥补那一终止，就不奇怪了。齐泽克对此给出的证据是，技术进步强加给我们的伦理困境正不断地指望特别委员会来解决。而这些委员会的增多表明了已被接受的象征禁令的缺席。根据这样的缺席，关于赛博空间、基因遗传学、药物等的基本的行为法则不得不由伦理委员会来发明。他们回答，例如，这样的问题：在一个未出生的婴儿身上，多少的基因操控是可以接受的，生命维持机上的人是否真地活着，或者，什么构成了因特网上的性骚扰。通过把解决这些伦理困境的责任转移给委员会，个体的主体就摆脱了亲自解决这些难题的自由之负担。

如果局部的大他者的建构是对大他者之死的一种回应，那么，齐泽克所鉴定的另一种回应是确立一个在实在界当中实际存在的大他者。拉康的精神分析对实在界当中的他者的命名是“他者的他者”（the Other of the Other）。相信他者的他者，即相

信某个人或物在真实地操纵着社会并组织着一切，是妄想狂的症状之一。根据詹姆逊对后现代性的重要分析，如今的一个老生常谈认为，今日的主流病态就是妄想狂。例如，在今天，任何一部电影或廉价的惊悚小说，要是不提到某个暗地里控制政府、报纸、市场和其他重要机构的秘密组织（通常是一个军事工业复合体），那么，它就是不完整的。齐泽克认为，这种妄想狂的起因可被定位于一种对大他者之死的回应：

> 面对这样的妄想狂建构，我们千万不要忘记弗洛伊德
> 的告诫，错误地把这样的妄想狂建构视作“病态”。恰恰相 57
> 反，借助于这种替代性构成，妄想狂建构意在治疗，意在使我们摆脱真正的“病态”，摆脱“世界的末日”，摆脱象征世界的崩溃。[1]
>
> （*LA*：19）

那么，齐泽克认为，悖论就在于，典型的后现代主体是这样一个人，他既对官方建制采取一种率直的犬儒主义，同时又坚定地相信阴谋和一个操纵一切的看不见的他者的存在。犬儒主义和信念的这一看似矛盾的配对同大他者的终止严格地相关。大他者的消失致使你建构了一个他者的他者，以逃避其缺失让你承受的自由之负担。相反，如果你相信一个他者的他者，那么，你其实不必把大他者当回事。所以，你展示了一种真诚的、同等程度的犬儒主义和信念。

---

1 引自齐泽克.斜目而视：透过通俗文化看拉康[M].季广茂，译.杭州：浙江大学出版社，2011：31.有改动。——译者注

后现代主义：对实在界的过度接近

齐泽克对后现代的理解方式可以被描述为一种对实在界的过度接近。在后现代艺术(或后现代主义)里，齐泽克确定了这种过度接近的各式各样的呈现，例如"填补空隙"的技术。齐泽克的意思可以在他对《天才雷普利》(*The Talented Mr Ripley*)的原著和电影版的比较性分析中看到。在派翠西亚·海史密斯(Patricia Highsmith)的小说中，雷普利的同性恋只是被间接地提到，而在安东尼·明格拉(Anthony Minghella)根据小说改编的电影里，雷普利成了一个明显的男同性恋。换言之，小说的被压抑的内容，其缺席的中心，被填补了。在齐泽克看来，我们通过以此方式来填补空虚而失去的东西，恰恰是主体性的空虚：

> 通过"填补空隙"和"全盘道出"，我们放弃的是空虚本身，当然，它最终不过是主体性的空虚(拉康的"被划除的主体")。明格拉完成了从主体性之空虚到人格之内在财富的移动。
>
> (*TFRT*:148)

58 换言之，在海史密斯的书中，雷普利的性欲状况，在绝大多数时候，是模糊不清的。因此，小说在大他者的眼中保持"清白"，因为它没有公开地僭越其规范。虽然我们可以把书中的线索解释为对雷普利之同性恋的指示，但我们没有必要这样做。另一方面，电影把它"全盘展示"了出来。雷普利在这里是**客观地**同性恋的。所以，在小说里，读者可以**主观地**决定雷普利是不是一个男同性恋，但电影没有为这样的策略留下空间，观众就得被迫接受明格拉对文本的解读。

实在界当中的他者的一个更有趣的例子是对基督的“真正”(true)生活的不断增长的兴趣——该主题的畅销书证明了这点。这种兴趣聚焦于所谓的“真实”(real)基督的特征,例如他和抹大拉的玛丽亚的婚姻,他被钉上十字架的确切方式,或者他实际的坟墓——这些特征据说被官方教会隐藏了起来。根据齐泽克的说法,这些叙述试图用基督和/或其后代的肉体实在界,来取代圣灵,即信徒共同体(他们相信耶稣复活提供的回溯性的恩典)的正在消退的象征效力。因此,这个基督的真正讯息不是他的复活(复活对真实基督的拥护者而言从未实际地发生过),而是以真实基督为例的灵魂的自我发展之旅。

后现代主体(在灵魂的自我发展之旅中)不断地表达其个体性的方式之一,是通过齐泽克所谓的“肉体的切口”,也就是通过纹身、穿孔和身体残损。对齐泽克而言,这样的切口也标志了一个从象征界到实在界的运动。他对此的解释是确定了肉体之切口的一个由四部分组成的历史。在异教文化中,身体上的切口或标记意指那个文化的成员身份,表明你被包含在其社会—象征的环抱中。由此,犹太社会引入了割礼的唯一切口,割礼虽然以相同的方式运作,但在业已发现的异教文化的众多切口中,它是一个例外,标志了一个禁令。然而,随着基督教的来临,甚至这个例外的切口也被内在化了。在每一个情形中,肉体的切口都指示了一个从实在界(身体的血肉)到象征界(社会的 59
成员身份)的运动。另一方面,后现代主体转向了身体的异教切口的众多形态,意指着一个从象征界到实在界的运动。这些切口并不承担社会的标记,而是代表了齐泽克所谓的“肉体的反抗”(*TTS*:372),是一个个体用来展示其个体性并反抗其对大他者之顺从的手段。

行动

那么,总而言之,象征效力的终止让后现代主体处于一种自我授权的自恋状态,绝望地寻求一个实在界当中的他者的他者。在齐泽克看来,这样的境况早已得到了拉康的构想:“当象征效力被悬置的时候,想象界就落入了实在界”(*TTS*:374)。詹姆斯·莱德菲尔德(James Redfield)的畅销书《塞莱廷斯预言》(*The Celestine Prophecy*)就提供了这一困境的一个简明例子。这本自称是一次关于“灵性真理”的冒险的书发现,一切偶然的遭遇(即实在界当中的遭遇)都秘密地服从同步性的法则(而不服从象征效力),并且,事实上,总承载着一个向我们传达的讯息。与此相关地,这本书号召我们在自身当中发现迄今为止我们徒然地在他者身上试图发现的东西。齐泽克用拉康的观念将这理解为:他者(the Other)被还原为他人(the other),一个想象界的配对者,他/她不是一个依靠自身的主体,而是,事实上,一个自足的自我(他人)的一个方面,带着一个为他/她准备的讯息。根据齐泽克的说法,这种灵性的智慧不过等同于一个商品化社会的意识形态,商品化的社会同样在他者/他人中寻找为自足的消费者准备的讯息。

那么,我们该如何解决这样的困境?对齐泽克而言,唯一的出路是通过一个行动(act)。一个行动就是主体的一次重生。它包含了一种对现存的象征秩序的全然拒斥,因此也是对主体所承担的象征命令或角色的全然拒斥。主体真正地消失了,正如齐泽克所主张的:

> 就它根本地改变了其承担者(执行者)而言,行动不同于一个主动的介入(举动):行动不只是某种我在一个行动

> 之后“完成”了的东西，而是我真的“和之前不一样”了。在这个意义上，我们可以说，主体“经历”了行动（“穿越”了行动）而不是“完成”了它：在行动中，主体被消灭并在随后重生了（或没有重生），行动包含了主体的一种暂时性的暗 60
> 蚀，性机能丧失。
>
> （*EYS*：44）

行动中主体的湮灭和黑格尔的“世界之夜”（见第2章的讨论）严格地相关。正如“世界之夜”是主体性的创建性姿态，行动是对那一姿态的回归，是对主体的创建性时刻的重复。因此，它是一个疯狂的行动，在行动中，一个人从世界里撤出，他所冒的风险不仅是一切可能的回归，而且更加根本地是他所回归其中的东西。

所以，某种意义上，行动是一种打击你自己的方式，是一种象征性自杀的形式。例如，在电影《非常嫌疑犯》（*The Usual Suspects*）中，建立凯撒·苏尔神话的关键场景是：当他回家发现自己的家人被敌对帮派劫持的时候，他没有屈服，而是做出了射杀至亲之人，也就是家人的疯狂姿态，从而能够让自己彻底地毁灭敌对帮派以及他们的至亲之人。换言之，正如齐泽克认为的，“这个行动，远不是一种转而攻击自己的无能的例子，而是改变了主体自身所处的情境之坐标”（*TFA*：150）。类似地，在托妮·莫里森（Toni Morrison）的小说《宠儿》（*Beloved*）中，塞丝杀死了自己的孩子，为的是把他们从奴隶制当中拯救出来。在现存的（奴隶制）象征界内部，她能够保护孩子之尊严的唯一方式就是通过拒斥那个象征界的命令并杀死对她而言最亲的人。

或许，行动的至高例子——这就是为什么齐泽克近来在这个主题上付出了这么多批判的精力——是基督教的创建性姿态：耶稣被钉上十字架。上帝牺牲了对他而言最亲的人来创建一个新的开始，而一个新的主体——圣灵——就在那里兴盛。基督教的福音，及其对齐泽克而言至关重要的东西就是，我们都可以重新诞生。不像鼓励我们去重新发现或实现我们真正自我之潜能的新世纪（New Age）或诺斯替教（Gnostic）智慧，基督教肯定了我们可以创造或发明新的自我。

齐泽克最感兴趣的就是行动的这一方面，即打开了重新发明之可能性的否定。它提供了齐泽克认为的后现代极度缺乏的一种政治参与的模式。对齐泽克而言，后现代的政治话语在自由资本主义的视域内发生。我们会讨论其不同的方面——例如
61 医疗服务应该得到多少的资助或者税收标准应该是什么样的——但资本主义本身从未得到严肃的追问。的确，资本主义是这些讨论在其中有意义的框架，用之前的类比说，它是当代政治的语法。齐泽克认为，如果我们希望解决后现代主体的困境，我们只能通过拒斥后现代性本身的可能性之条件，也就是改变这些困境在其中有意义的视域或象征界。换言之，我们不得不穿越一个政治的行动。在齐泽克看来，这样一个政治行动不过是一场革命。当然，因为行动的本质，齐泽克不能说世界在一场革命之后会是什么样的（这一事实已经招致一些批评家指责其思想的模糊性）。齐泽克当下能说的一切是他希望拒斥我们拥有的东西，也就是资本主义，以期为某种更好的东西敞开空间：在那个空间里，主体不再是受困于自身的享乐并且只能在奴性中得到快感的妄想的自恋狂。

小 结

对齐泽克而言，当下的社会——或后现代性——是以大他者权威的终止为基础的。齐泽克批判了当代风险社会的理论家（他们提倡个体的选择自由或取代这一权威的自反性），并认为这些理论家忽视了主体中心的自反性。他指出，由于缺乏大他者的禁令，主体的内在自反性呈现为一种对服从、妄想和自恋的着迷。为了减轻这些病状，齐泽克提出我们需要一个政治的行动或革命：它将改变后现代性之可能性的条件（他把这些条件确定为资本主义）并因此诞生一种能够让一种新的主体类型存在的新的象征秩序类型。

4

我们如何区分现实和意识形态？

虚假意识与犬儒主义

或许人们现在很难记得，但仅仅二十年前，绝大多数人都同意人类对自然的开采是我们之生存的一个或多或少无可争议的事实。然而，这种开采被组织的方式，即它应该是共产主义的、自由资本主义的还是法西斯主义的，是一个争论最为激烈的问题。如今，正如齐泽克指出的，情境被实际地颠倒了。自冷战（在 1945—1991 年间达到顶峰的共产主义国家和资本主义国家之间的巨大的意识形态斗争）结束以来，几乎没有人屑于考虑资本主义生产之外的另一种形式，虽然绝大多数人都严肃地关注对自然本身的潜在灾难性的开采。正如齐泽克认为的，"相比于生产方式上更适度的改变，'世界的终结'似乎是更容易想象的，仿佛自由资本主义就是那个即便在全球生态灾难的情况下也将以某种方式幸存下来的'实在界'"（*TZR*:55）。对齐泽克而言，这个悖论的盛行（想象世界的终结比想象世界的改变更加容易）证实了意识形态的运作。一切都提出了这样的问题：意识形态到底是什么？

对齐泽克而言最基本的意识形态定义是由马克思提供的——“他们不知道，但他们正在做”（*SOI*:28）。这里的关键是
64 我们对所生活的“现实”的一种天真或无知。一方面，存在着现实，另一方面，存在着我们对那个现实的某种程度上被歪曲了的理解。意识形态恰恰是对我们理解的那种歪曲和扭曲。在这个意义上，意识形态是一个认识论的问题，一个知识的问题。例如，我们不知道，当我们每天成群结队地进入大学的时候，我们正被改造，以对资本主义的体系进行再生产（作为工人、经理和企业家），因此，我们快乐地继续做着。我们不知道，每当我们投票的时候，我们正在认可现状，所以，我们怀着我们的选票会起作用的徒劳的信念，继续投票。我们不知道，我们的宗教信念其实是让我们做温顺的公民的手段，所以，我们继续每周日到教堂里去。

用“缝合点”钉住意识形态

齐泽克提出的一个关于意识形态的问题是：什么保持了意识形态的意义领域的一致？既然，就像我们在第1章看到的，能指是不稳定的并且容易产生意义的滑移，那么，一种意识形态如何维持它的一致性？这个问题的答案，根据齐泽克的说法，是任何既定的意识形态领域都是由拉康所谓的“缝合点”（*point de capiton*，字面意思是一个“衬垫的纽扣”）“缝合”的。正如一颗衬垫的纽扣钉住了棉被里的填充物，并防止它四处移动或在一个角上聚成一团，齐泽克认为，一个缝合

点是一个防止意义在意识形态棉被内部滑移的能指。换言之，缝合点把一个意识形态的领域统一起来并为之提供了一种同一性。例如，“自由”自在地是一个可扩充的词，其意义可以根据其使用的语境而四处滑动。对这个词的右派的解释会用它来指示市场上投资的自由，而一种左派的解释会用它来指示来自市场之不平等的自由。所以，“自由”一词在所有可能的世界里并不意味着相同的意思；而把它的意义固定下来的就是“右派”和“左派”的缝合点。意识形态斗争的关键恰恰是缝合点，即哪一个能指（例如，“共产主义”、“法西斯主义”、“资本主义”，等等）会赢得缝合意识形态领域（例如，“自由”、“民主”、“人权”，等等）的权利。

带着这样一种意识形态的模型——在马克思（虽然发明这 65
个概念的是马克思的德国搭档恩格斯［1820—1895］）之后，人们所普遍提及的“虚假意识”（false consciousness）——意识形态批判的进程就相当简单了。所要做的一切是启发主体，向他们表明他们对现实的理解如何受到了歪曲。在这个点上，一旦意识形态被认作意识形态，即被认作真相的一个扭曲了的版本，那么，它就消失了。然而，正如齐泽克指出的，今天我们已经知道我们正在接受现实的一个扭曲的版本。我们已经知道当我们进入大学的时候，我们接受专门的培养，以维持体系的运行。我们知道当我们到投票站去的时候，我们的选票不会实质地改变政治体系。我们知道到教堂去有助于让我们做温顺的公民。换言之，正如齐泽克根据德国理论家彼特·斯洛特戴克（Peter Sloterdijk，1947—）的观点认为的，我们都是犬儒主义的主体。

作为犬儒主义的主体，我们很清楚我们对现实的理解遭到了歪曲，但我们无论如何都坚持那样的虚假而不拒斥它。不再是马克思的意识形态公式，“他们不知道，但他们正在做”，斯洛特戴克提出了一个犬儒主义的版本，“他们很清楚他们正在做什么，但他们仍然在做”（*SOI*：29）。齐泽克认为，我们必须区分犬儒主义（cynicism）和斯洛特戴克所谓的“狗儒主义”（kynicism）。狗儒主义是一种对权威的挖苦或嘲讽的回应形式，它嘲笑统治机构的虚伪，它暴露了政客们宣言的虔诚不过是，例如，个人贪婪和自我晋升的借口。换言之，狗儒主义规定的恰恰是绝大多数人对政客及其他国家建制的态度。

然而，斯洛特戴克和齐泽克都认为，这样的狗儒主义已经被官方文化包含了。犬儒主义就是官方文化包含狗儒主义的方式，因为犬儒主义的主体已经接受，现实的官方版本是有缺陷的或被扭曲了的，但他仍然没有摒弃那个被歪曲的版本。所以，齐泽克问，一种意识形态的批判应当如何进行。如果我们无法向意识形态当中的主体证明他们被误导了，那是因为他们已经知道，这是否意味着我们正生活在一个后意识形态的世界，其中，意识形态和现实的区分已不再重要了？根据齐泽克的说法，回答是“不”。

为了证实这样的论断，他首先回到了经典马克思主义关于“虚假意识”的定义上——“他们不知道，但他们正在做”。他
66 问，意识形态的神秘化在这个定义的什么地方——是在“知道”还是“在做”当中？起初，对此问题的回答似乎认为，意识形态在人们所知之物的一边，更确切地说，在他们不知之物的一边，即他们不知道他们正在做什么。他们误认了其实际情境的现实。为了举例说明这点，齐泽克援引了马克思主义对商品拜物

教的分析：

> 货币实际上只是社会关系网络的化身、浓缩、物化——它被用作所有商品的普遍等价物，这个事实的成立是以它在社会关系的肌质中所处的位置为前提条件的，但相对于个人而言，货币的功能——成为财富的化身——表现为人称“货币”的事物的直接、自然的财富。[1]
>
> （*SOI*:31）

换言之，货币表现为财富的一个直接的表达：你有 10 美元而我有 5 美元，所以，你比我更富有。然而，货币本身实际上没有价值，因为它其实是不同商品之价值的一种间接的表达，而商品，反过来，是人类劳动关系的产物。

对马克思主义者而言，资本主义的财富观念，在根本上是不平等的体现。它明显代表了制作一件商品所要求的劳动价值和商品本身的价值之间的差异。因为后者不可避免地比前者得到了更多的货币形式的表达，这意味着劳动者没有得到其工作应得的支付。根据这样的说法，财富其实不过是劳动的未支付的部分。所以，在剥削状况下为其他人生产商品的人、商品，以及最终的货币，并没有表达人与人之间的一种关系，而是看起来表达了物与物之间的关系，货币或商品的不同量值之间的关系。社会的实际机制就这样被模糊了，因为劳动的社会构成被隐藏在商品和用来支付商品的货币背后。所以，那些把货币当作具有内在价值的东西的个体在货币的真正价值面前遭遇了神秘

1　引自齐泽克．意识形态的崇高客体［M］．季广茂，译．北京：中央编译出版社，2002:42-43．——译者注

化。而货币的真正价值在别的地方,在生产商品的人和那些从他们的劳动中获利的人之间的关系里。因此,他们不知道,当他们把货币本身当作有价值的东西时,他们就错了。

然而,马克思的这种解读虽然听起来让人信服,但对齐泽克
67 而言,它同样错失了关键,即个体已经知道货币本身是没有价值的。在他们对货币的日复一日的使用中,他们完全清楚,货币只是财富的一种间接的体现,在货币的价值背后,是整个复杂的社会关系。近来反对第三世界"血汗工厂"的运动就是对此的一个指示。无论如何,人们表现得好像货币具有内在的价值。齐泽克认为,正是这样的行为,一种不顾有关其虚假性的知识而继续做着的行为,构成了意识形态的幻觉。换言之,意识形态首先是关于"做"而不是"知"的。对现实的幻觉或被歪曲的认知被写入了情境本身。我可能整天在房子里走来走去高声朗读女权主义的著作,但如果我在这么做的同时,呵斥我的妻子没有及时把我的茶放到桌子上或熨平我的衬衫,那么,我就不是一个女权主义者,因为我的行动而非我的知识表明我是一个彻头彻尾的沙文主义者。

根据齐泽克的说法,我在这里忽视的不是情境的现实,而是构成现实的幻觉。我完全清楚女人是平等的,但我表现得好像我没有意识到。类似地,我可能认为我没有把纳粹主义当回事,但通过参加纽伦堡集会并向希特勒致敬,我通过我的行动表明我是纳粹分子。我还可能宣称自己是全民免费医疗的坚实拥护者,但如果我在一家私人诊所里挂号接受治疗,以便(我这样推断)不给国家系统增加负担,那么,这比任何事情都更有说服力地证明了我是私人医疗的拥护者。所以,为了回答这个问题,对齐泽克而言显而易见的是,我们仍然生活在一个意识形态的社

会里，只是我们正用我们的犬儒主义愚弄自己，认为我们不把事情当回事，而在行动中，我们表现得实际上我们的确把它当回事。意识形态的幻觉就在我们所做之事，而非所想之事的现实里。因此，齐泽克能够把斯洛特戴克的公式“他们很清楚他们正在做什么，但他们仍然在做”改写为“他们知道在他们的活动中，他们正在遵循一种幻觉，但他们仍然在做”，从而把前一个公式也考虑了进去。我们，可以说，在实践而非理论上是意识形态的。

信仰机器

或许，在这里，齐泽克构想的最奇怪的部分是一个隐含的提议，即我们的信仰或信念不是我们所感受或思考的东西，而是我们所做的事情。表面上是我们最私密或最内在之感觉的东西其实只是在我们的社会活动中被物质化了。对齐泽克而言，这类 68
似于西藏转经轮的运作方式。一段祈祷文被写在一张纸上，纸被卷起来，然后被放到一个圆筒里头，这样，当我们转动圆筒的时候，我们就无需思考。轮子的转动意味着它替你祈祷，更确切地说，你通过轮子的中介来祈祷。正如齐泽克指出的，当你转动轮子的时候，你在沉思什么并不重要，因为在一种客观的意义上，你仍然在祈祷。换言之，你祈祷的真诚在于你的行动（转动轮子），而不是你所想的东西。

齐泽克的信仰物质化的主要理论参照是法国哲学家布莱士·帕斯卡尔（Blaise Pascal，1623—1662）。帕斯卡尔因其所谓对上帝的赌注而著称。帕斯卡尔的赌注宣称，相信上帝是更精明的，因为如果你不相信，你就有永远进地狱之可能的危险，而这样的可能性不论多么微小，只要它是真的，就比其他一切的考虑都重要：

> 让我们权衡一下赌上帝存在这一方面的得失吧。让我们估价这两种情况：如果你赢了，你就赢得了一切；如果你输了，你却一无所失。因此，你就不必迟疑去赌上帝存在吧。[1]
>
> (Pascal 1966：151)

然而，正如齐泽克注意到的，这个赌注是以理性和论证为基础的，即基于这样的事实：只有相信上帝是理智的。帕斯卡尔对此提出反驳：真正的信仰只能来自仪式。当原本并不相信上帝的人“表现得好像他们是在信仰着那样，也要领圣水，也要说弥撒，等等”时，帕斯卡尔发现他们被引领着去“十分自然地相信”(Pascal 1966：152)。那么，在帕斯卡尔和齐泽克看来，教会仪式(在这个例子里是天主教会)，例如祈祷、洗礼、弥撒，等等，不是一种内在信念或一种既存信仰的表达，而毋宁是最初信仰的前奏。这些仪式引发了一种内在的信念。

在他对帕斯卡尔理论的阐释中，齐泽克把它和“内在信仰依赖于外在行为的还原主义论断”(*MI*：12)小心地区分开来。对齐泽克而言，帕斯卡尔不是仅仅认为信仰的构成受到了实际行为的影响；他还认为，通过遵循教会仪式，我们在我们知道自己相信之前就已经相信了。我们的信仰体现在这些仪式中——
69 它在我们对事实的理解之前就得到了展示。当我们最终皈依教会，当我们实际地相信自己相信时，我们所做的一切只是承认那

1 引自帕斯卡尔. 思想录：论宗教和其他主题的思想[M]. 何兆武，译. 北京：商务印书馆，1985：110. ——译者注

个事实,即我们的信仰已经被决定了并且在我们认识到它之前就已经存在着。我们的信仰就客观地在那里,始终在仪式中。当我们意识到这点,我们就会相信,当我们开始遵循这些仪式的时候,我们就开始因为我们的信仰而遵循这些仪式。换言之,信仰的仪式回溯性地产生了一种对仪式的信仰。正如齐泽克评论的,帕斯卡尔的理论就这样描述了"一种信仰之前的信仰的矛盾状态"(*SOI*:40)。

这样一种"信仰之前的信仰",如同西藏的转经轮,是一个自动化的信念。正如帕斯卡尔描述的,它像一台机器一样运行,在我们的无意识当中缓缓运转而不为我们所知。在齐泽克看来,这台机器在意识形态当中的终极例子就是意识形态国家机器(Ideological State Apparatuses,一个由法国马克思主义者路易·阿尔都塞[Louis Althusser,1918—1990]发明的概念):诸如教育系统、教会和家庭这样的建制。

阿尔都塞的意识形态国家机器

"意识形态国家机器"是阿尔都塞在他的重要论文《意识形态和意识形态国家机器》(Ideology and Ideological State Apparatuses)中发明的概念。阿尔都塞在这篇论文的开头疑惑社会如何对自身进行再生产;更特别的是,他检查了一个资本主义社会保持为资本主义而不,例如,崩溃为无政府主义和封建主义的频繁发作的原因。换言之,是什么迫使我们每天按时工作而不是在我们想要的时候建立独立的专制?他最初的回答是,国家已经控制了军队、警察和监狱的大批预备力量,可以在肉体上镇压任何的反叛。这些预备力量属于阿尔都塞所说的强制性国家机器(Repressive State Apparatus)。

正如标题表明的，强制性国家机器体现为国家用武力来控制国民的所有手段。正如我们在上一章看到的，对齐泽克而言，正是通过强制性国家机器——即通过身体强制和暴力——律法的统治才得到了最初的保障。

然而，在律法的初始化得到保障之后，律法继而如何得
70 到维系？不得已时，国家总能够动用强制性国家机器来支撑其权威，就像在微观层面上处理轻度犯罪，在宏观层面上处理集体游行或革命一样。虽然国家每天都要求国民为其在象征秩序当中各式各样的角色而接受训练和塑造，但谁都不需要每天早上被人用一把刺刀从床上赶下来。那么，对阿尔都塞而言，这就是意识形态国家机器发挥作用的地方。意识形态国家机器是这样的建制，它们通过为资本主义提供愿意在其中尽职尽责的主体而帮助资本主义进行再生产。阿尔都塞认为，意识形态国家机器是由教会、教育系统、家庭单元、法律系统、政治系统、商会、通讯媒体和文化组成的。所有这些建制主要是通过意识形态而不是武力来运行的。

然而，阿尔都塞的意识形态国家机器的一个问题恰恰在于这些建制把主体刻入意识形态内部的方式。对阿尔都塞而言，这是一个他所谓的“询唤”（interpellation）或“招呼”（hailing）的问题。正如阿尔都塞提出的，询唤“可以从每天最常见的警察的招呼‘喂，你！’中想象出来”[1]（转引自 *MI*：131）。在阿尔都塞的模型里，如果你被人以这种方式打招呼，那么，你会几乎不可

---

1 引自齐泽克. 图绘意识形态[M]. 方杰，译. 南京：南京大学出版社，2002：171. 有改动——译者注

避免地在召唤中认出你自己并认为被打招呼的人恰恰是你。在齐泽克看来,这种询唤的模型没有解释一个意识形态国家机器如何创造一种对意识形态的信仰。纯粹地被打招呼如何足以让你相信意识形态呢?对这一难题的解决,根据齐泽克的说法,是在帕斯卡尔的意义上来看待意识形态国家机器。也就是说,意识形态国家机器是这样的机制,它在我们有所意识之前,就产生了一种对特定体系的信仰,创造了一种对那一体系之公正性的信念。它不知不觉地预先占有了我们的信仰并因此让我们对之习以为常。

意识形态的三个模式

如果,正如齐泽克对阿尔都塞的阅读看似表明的,我们能够确认意识形态的信仰机制,那么,这是否意味着我们可以把意识形态和现实区分开来?我们可以迈出意识形态并占据一个非意
识形态的领域吗?为了回答这个问题,齐泽克把他对意识形态 71
的鉴定分为三个部分:教义、信仰和仪式。意识形态的这三个部分对应于黑格尔对宗教的三重分析(对马克思而言,宗教就是意识形态的终极例子):

• 教义——意识形态的教义关注的是一种意识形态的观念、理论和信仰。例如,自由主义的教义最初(部分地)是从英国哲学家约翰·洛克(John Locke, 1632—1704)的观念中发展起来的。

• 信仰——意识形态的信仰规定了其教义的物质或外在的呈现或机制。例如,自由主义的教义在出版自由、民主选举和自由市场中得到了物质化。

• 仪式——意识形态的仪式指的是教义的内在化,是教义

被经验为自发的或自然的方式。以自由主义为例，主体自发地或自然地认为他们自己是自由的个体。

意识形态的这三个方面形成了一种叙事。在意识形态教义的第一个阶段，我们发现处于“纯粹”状态的意识形态。在这里，意识形态采取了一种所谓真实的(truthful)命题或一套论证的形式，而命题或论证事实上掩盖了一种既得的利益。例如，洛克关于政府的论证就服务于美国革命派的利益，而不是英国殖民者的利益。在第二个阶段，一种成功的意识形态采取了物质的形式，正如我们已经看到的，它以意识形态国家机器的方式，几乎强有力地，产生了对那种意识形态的信仰。在第三个阶段，意识形态呈现为一种几乎自发的存在，它变得本能的，而不是作为一套明确的论证或一个建制而得以实现。这种自发性的终极例子，在齐泽克看来，就是商品拜物教的观念。

在意识形态叙事的这三个方面的每一个情形里，齐泽克都确认了区分意识形态和现实的相同的困难。例如，在教义的情形中，认为我们可以从一个中立的或客观的立场上批判一个命题或一套论证之真理价值的想法本身就是对意识形态的最根本的论证。这样一个模型是以所谓的认识论的“常识”视角为基
72 础的，它区分正确的东西和错误的东西。它假定，如果你能够让一种信仰服从一种意识形态批判，那么，你就占据了真理或现实的位置，而你所批判的信仰则占据了虚假或意识形态的位置。这样的错误在本章开头宣称我们正生活在一个后意识形态时代的命题中再明显不过了。只有从资本主义的视角出发，它才是一个后意识形态的时代，因为它再也不必把自己同共产主义进行比较。而从共产主义的视角出发，当今资本主义统治的时代是完全意识形态的。正如齐泽克表明的，哪怕诉诸一个情形的

赤裸裸的事实,我们也无法解释这些事实在其中被人理解的意识形态视域:

> 当一个种族主义的英国人说"我们的街道上巴基斯坦人太多!"的时候,他如何——从何处——"看见"了这个——即:他的符号空间是如何构成的,以至于他可以将一个巴基斯坦人在大街上溜达的事实看作是一个令人不安的剩余呢?[1]
>
> (*TZR*:64-65)

对此问题的回答是,种族主义者——和我们所有人一样——是从一个特殊的象征秩序的角度来看事实的。实在界不包含任何的过度或匮乏,只有随着对实在界的象征化(这是我们可以通达的唯一的实在界),巴基斯坦人的剩余才能够实际地存在。所以,我们无法通过诉诸一个情境的事实来阻止某个人陷入种族主义的意识形态,因为那样的诉诸同样会受到它在象征秩序当中的意识形态视域的限制。

那么,我们注定要抛弃现实,因为我们对现实的一切通达都是意识形态的吗?如果我们注定要抛弃现实,那么,我们不同样应该抛弃意识形态的概念本身吗,因为它如今适用于一切事物并且是如此地无所不耗以至于它作为一个分析的工具已经没有用了?答案,根据齐泽克的说法,是"不",因为这样的做法本身就是终极的意识形态姿态。因为如果我们放弃这样的希望,即发现一个能够对意识形态进行批判的位置,那么,我们事实上就

1 引自齐泽克. 图绘意识形态[M]. 方杰,译. 南京:南京大学出版社,2002:15. ——译者注

屈服于意识形态的不可避免性。所以,齐泽克认为,存在着一个我们能够把意识形态和非意识形态区分开来的位置,但这个位置必须保持空无——它,可以说,是一个无内容的形式。齐泽克所说的这个神秘的构想可以通过一种对现实的幽灵性增补的分析来理解。

73 萦绕着现实的幽灵

至此,在本章中,我们一直以一种纯粹二元的方式来看待一个意识形态批判的问题:要么是一个属于意识形态的视角,要么是一个属于现实的视角。要么你理解了一个情境的真相,要么你的理解遭到了歪曲。齐泽克认为,这种二元的结构错误地再现了一个事实上三元的结构。他的这一论证的起点是谢林的作品。根据齐泽克的说法,谢林论证了一个有机的整体不是由两个互补的部分组成的,例如内部/外部,生命/死亡,或身体/灵魂,而是由这两个部分再加上一种扰乱有机整体的双重增补构成的。所以,例如,在身体/灵魂的例子里,既存在着一个对身体性而言灵魂的方面,诸如以动物磁性(magnetism)的形式呈现的方面,也存在着一个对灵魂性而言身体的方面,诸如鬼魂的物质化。同样地,在生命/死亡的对立中,齐泽克认为,它的增补既是居留于象征界外部的活死人(living death),是只在实在界之疯狂中持存的身体,同时也是象征机器本身的死活人(deathly life),它"表现得好像它拥有一种它自己的生命似的"(*TPOF*:89),虽然它并不拥有。如果这听起来和意识形态的分析无关,那么,齐泽克指出,我们可以在商品拜物教和意识形态国家机器中见证这些增补的后果。在商品拜物教的例子里,就商品的价值总是在别处——在其他商品,最终是在生产商品的劳动力当中而言,商品的“身体”被“灵魂化”了。在意识形态国家机器的例子里,意识形态国家机器把“身体”赋予了意识形态的“灵魂”,为一种意识形态教义提供了一个物质的实体。

两种死亡

在齐泽克看来,生命与死亡的看似无所不包的整体是由一种活死人(虽生犹死)和一种死活人(虽死犹生)所增补的事实,指明了我们可以死两次而不只是一次的方式。最显而易见的是,我们会遭受一种生物的死亡,其中,我们的身体会衰败并最终分解。这是实在界当中的死亡,它包含了对我们的物质自我的抹除。但我们还可以遭受一种象征的死亡。这并不包括我们实际肉体的消灭;它毋宁招致了我们象征世界的毁灭和我们主体地位的灭亡。我们因此成为了活死人:我们从象征界当中被驱逐出去并且不再为他者而存在。当 74
我们发疯或当我们犯下一件残暴的罪行而社会不承认我们的时候,我们就成了活死人。在这样的情节里,我们仍活在实在界里,但不活在象征界当中。此外,我们还可以遭受一种死了的生命或一种死后的生命。当我们的身体已经死亡,而人们记得我们的名字,记得我们的行为等的时候,我们就成了死活人。在这样的情节里,我们继续活在象征界里,即便我们已经在实在界当中死去。

齐泽克认为,两种死亡之间的裂隙,可以由丑或美的显现来填补。例如,在英国戏剧家莎士比亚(1564—1616)的戏剧《哈姆雷特》中,哈姆雷特的父亲在实在界当中死去,但它作为一个可怕而丑陋的幽灵坚持存在着,因为他被谋杀并因此失去了清算其象征界之债务的机会。一旦,随着哈姆雷特杀死了凶手,债务被偿还,他就"彻底"死了。相应地,在希腊戏剧家索福克勒斯(约公元前496—公元前406)的戏剧《安提戈涅》中,安提戈涅在实在的死亡之前遭受了一次象征的死亡:她因为想要埋葬她叛国的哥哥而被排斥出共同体。其社会身份的这种毁灭为她的角色注入了一种崇高的美。当然,讽刺的是,安提戈涅进入两种死亡之间的领域"恰恰是**为了阻止她哥哥的第二次死亡**:给他一个体面的葬礼以确保他的不朽"(*TTS*:170)。也就是说,她忍受一种象征的死亡是为了让她得不到体面安葬的哥哥自己不会遭受一种象征的死亡。

齐泽克认为,正是这种伪物质性,这种幽灵的增补,构成了一切意识形态的基础。进而,他提出,现实本身就依赖于这样的增补。正如他解释的,这个观念取决于我们对现实和实在界之区分的理解。我们无法通达实在界,因为我们的世界总是受到象征界的调节。所以,现实,正如我们知道的,总是象征界的。然而,就像我们在第1章看到的,实在界的象征化不是并且不能是彻底的。象征界从来都不能浸透实在界,因此,总有一部分仍未象征化的实在界。象征界无法容纳的东西产生了一种根本的
75 对抗。正是实在界的这一部分返回来以幽灵性增补的形态萦绕着现实。(参见图4.1)

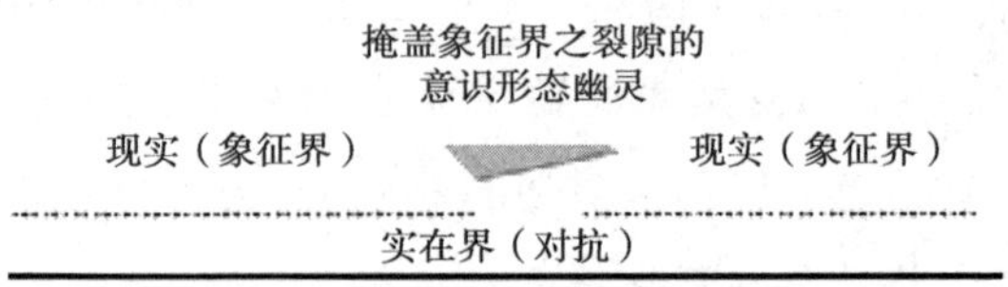

图4.1 意识形态的结构

幽灵掩盖了那一片为了让现实（它以象征界的形态呈现）存在而不得不被放弃的实在界。正是在这里，在幽灵性的增补中，齐泽克确定了一切意识形态的基础或内核。总而言之，现实和意识形态是彼此纠缠的。一者无法脱离另一者而存在。

再一次，正如齐泽克自己承认的，这听起来相当抽象，但他可以用阶级斗争为其理论的运作方式提供一个具体的例子。在齐泽克看来，阶级斗争属于实在界。我们不在现实中直接地遭遇阶级斗争，而只能通过其象征化。因为阶级斗争是实在界，它形成了象征界当中的一个堵塞，这样的堵塞在把自己象征化，在现实内部恢复自己的不同尝试中显现出来。这些尝试指明了阶级斗争的对抗性特点，对此，齐泽克的意思是说，阶级斗争是形成了社会的建构性的裂缝。阶级斗争把社会聚合在一起，它是我们的共同纽带，但它同时也阻止社会形成一个有机的整体，它在我们所有人之间嵌入一个楔子。而如今阶级斗争的十分明显的缺席，在齐泽克看来，就是斗争一方已经（暂时）获胜的证据。阶级斗争并不客观地存在——只有从一个特定的、主观的或意识形态的视角出发，我们才能看见它或看不见它。

那么，用齐泽克理论的话讲，意识形态的幽灵掩盖了实在界当中阶级斗争之对抗的失败的象征化。换言之，意识形态填补了对抗的深渊——它修补了现实（象征秩序）的洞。意识形态，可以说，让无意义的东西变得有意义。例如，齐泽克认为，社会的建构性的对抗往往通过被人解释为一个互补的对立项而变得 76
有意义。这样一个程序的典型就是齐泽克提到的新世纪（New Age）用一种“天地”配对的观念——例如阴阳——对宇宙进行的解读，其中，任何的对抗都被视为一种失衡的结果。在齐泽克看来，这样的解读模糊了宇宙本身在建构上就是失衡的事实。

这一切把我们带回到了本章开头的问题:我们如何区分现实和意识形态?齐泽克从什么立场上谴责新世纪对宇宙的解读是一种意识形态的神秘化?不是从一种现实的立场上(你可能会毫不惊讶地得知这点!),因为,正如我们已经看到的,现实是由象征界建构的,而在象征界当中,虚构采取了一种真相的形态。事实上,唯一可以利用的非意识形态立场是实在界——对抗的实在界。正如之前提到的,这不是一个我们能够实际地占据的立场;它毋宁是一个"超意识形态的参照点,能够允许我们把我们直接的经验谴责为'意识形态的'"(*MI*:25)。换言之,实在界的对抗是一个为了让社会现实(象征秩序)能够存在而不得不被假定的常量。由于这个对抗是实在界的一部分,它并不服从意识形态的神秘化;它的后果毋宁可以在意识形态的神秘化当中看到。所以,不管我们是否同意对意识形态的任何特定分析,意识形态的形式本身必须被假定为存在着的。

这一切意味着,现实和意识形态之间的区分,在齐泽克看来,是作为一个理论的前提而存在的。他没有宣称自己可以提供任何对事物的"客观"真理的通达,而是说意识形态必须被假定为存在的,如果我们同意现实是在一个建构性的对抗之上被结构起来的。如果意识形态存在着,那么,我们必定能够使之服从批判。那么,这就是齐泽克理论的最终目的——它试图在一个我们据说已把意识形态抛在身后的时代,保持意识形态批判计划的活力。正如他一再强调的,当代政治的问题在于它是非政治的,即它把现存的资本主义社会结构自然而然地接受下来。改变这一结构的第一步是认识到,如此的"自然而然"作为一种意识形态构造已为批判作好了准备。而确立这样一种批判的第一步是确立那一批判的可行性,而这,最终,是齐泽克的模型试图去做的事情。

小 结 77

对齐泽克而言,我们与其说生活在一个后意识形态的时代,不如说生活在一个犬儒主义意识形态所统治的时代。运用马克思和斯洛特戴克的公式,齐泽克把犬儒主义的态度总结为"他们知道在他们的活动中,他们正在遵循一种幻觉,但他们仍然在做"。在这个意义上,意识形态被定位于我们所做而非我们所知的东西里。所以,我们对一种意识形态的信仰,在我们承认那种对诸如阿尔都塞的意识形态国家机器这样的"信仰机器"的信仰之前,就得到了展示。

齐泽克还区分了意识形态叙事的三个时刻。这三个时刻就是意识形态在教义形式、教义形式的物质化和它作为半自发仪式的呈现上的明确设计。在这三个时刻的每一个情形里,齐泽克都认为,只要我们认为我们已经采取了一个真理的立场,可以从中谴责意识形态的谎言,那么,我们就发现我们自己再次回到了意识形态。这是因为我们对意识形态的理解是以一种将现实和意识形态对立起来的二元结构为基础的。为了解决这个难题,齐泽克认为,我们要用一个三元的或三重的结构来分析意识形态。在这样的模型中,意识形态呈现为现实的幽灵性增补的形式,掩盖了现实(象征界)对实在界进行完全之解释的失败所打开的裂隙。虽然现实的这一结构模式不允许我们采取那样一种可以获得一个客观视角的立场,但它假定了意识形态的存在并因此认可了其批判的有效性。

5

男人和女人之间的关系是什么？

性化公式

拉康的精神分析理论的最有争议的部分无疑是他的"性化公式"(formulae of sexuation)。这些公式——或许可以被无所助益地压缩为如下的口号:"女人不存在","女人是男人的症状","性关系不存在"——致力于通过谓词演算(一种用来探索集合之间关系的逻辑形式)来阐明主体的性别化结构。受到近似翻译的部分影响——法语中是 *la* femme,英语中是 *the* Woman("大写的女人",意即女性的普遍概念)——表述这些公式的口号似乎暗示女人在本质上是比男人更次要的存在者,是本真的男性之人的附带发展。由于拉康既不大注意遵守(我们如今认为的)政治正确性的尊严,也不意图通过让他的解释变得尽可能地透明而阻止人们对他进行贬低,性化公式已经不断地激起了批评并隔断了忠诚。

考虑到其“教条式”的拉康主义，齐泽克把自己归入那些认为性化公式建构了对性别化主体的最先进阐释的女权主义者的行列，这并不让人惊讶。或许，有必要指出，齐泽克在论证这个
80 例子的时候，具有他在论证任何一个拉康式概念的例子时的同样的平等主义的自信。齐泽克解释了这些公式如何运作并运用了它们，但他没有必然地捍卫它们。换言之，齐泽克不总是对这些公式愤愤不平的接受表示敬意。由于齐泽克采取了这种和拉康自己臭名昭著的漫不经心别无二异的路径，我们并不总是清楚地看到，他在何处没有愉快地冒犯那些头脑拘泥的人。的确，在其深思熟虑的某些时刻，他陷入了一种风险，即他似乎不加批判地罗列出所有关于女性的被人接受的观念。在这样一个时代，当理论往往把更多地时间花在确立其虔诚之凭证上而不是实际地表明微妙的思想时，(齐泽克的)这种策略无疑看似一种让人为之一振的偶像破坏。这样的偶像破坏在他对(性化)公式的讨论中再明显不过，而他的讨论是从德国哲学家奥托·魏宁格(1880—1903)的臭名昭著的反女性主义和反犹主义的小册子《性与性格》(*Sex and Character*)开始的。

“女人不存在”

《性与性格》，这本最初以草稿的形式向弗洛伊德展示却遭到他严厉批判的书，试图解释两性之间的差异和关系。由于它不时地包含了表面上类似于拉康性化公式的关于女人的论述，齐泽克就把这本书当作一块共鸣板，以此可以表明对性化公式的一种绝对厌女主义(misogynist)的阐释的错误。在齐泽克对魏宁格的解读中，性差异是以主客体之间的联系和对立为基础的。男人是主动的、崇高的精神(或主体)，女人是被动的、卑贱

的物质(或客体)。作为被动的物质,女人受到性欲的支配;的确,根据魏宁格的说法,女人"在性欲上被每一个事物所影响和渗透"(转引自 *TMOE*:137)。在这方面,性交只是定义"女人"的一般性欲经验的一个特别强烈的例子。一个女人的个人性欲只是一种普遍的、非个人的本能的一个例子,这样的本能支配着她的全部行为。即便她说出了真相,她也不是为了真相的缘故而说出真相,而是为了给一个潜在的配偶留下印象。

另一方面,在魏宁格看来,男人,是一个在他的感官和他的精神,在性欲和爱情之间被撕裂了的存在者。然而,这呈现了一个难题,因为如果女人被定义为一个精神对她而言完全缺失了 81
的存在者,那么,一个男人如何与她维持一种精神的关系?根据魏宁格的说法,对此谜题的回答就是,一个女人的精神之美(这让她成为了男人之爱的一个合适的对象)其实首先是那种爱的一个产物。换言之,男人的爱充当了一个施行句(performative)。男人把一个女人无法获得的理想形象投射到了女人身上,因此,在恋爱的女人身上,男人爱的其实是他自己。事实上,男人爱的是他自己的更好的部分,即理想的形象,精神的部分,而不是其感官的堕落的性欲部分。由此,男人不仅背叛了他自己(因为他没有实现自己身上精神的潜能),也背叛了女人(因为他忽视了女人的经验现实,让她服从一种想象的理想主义)。所以,对魏宁格而言,"爱情就是谋杀"(转引自 *TMOE*:140)。

施行句和总作为自身种概念之一的属概念

齐泽克在他的整个作品中不时地用到"施行"(performative:展演)的概念,所以,有必要弄清楚他所说的意思。这个概念本身借用自英国哲学家 J. L. 奥斯汀(J. L. Austin,1911—1960)

论言语—行为理论的著作。言语—行为理论把语言划分为“施行句”和“记述句”。一个记述的表达是对某个事物的描述,其所说的东西看似可被证实为真或假。例如,“房子是红的”就是一个记述句。另一方面,施行句是这样的表达,它在言说的过程中要么**做了**什么事情,例如“我就此宣布你俩结为夫妻”,要么**通过**言说产生了一种效果,例如让你相信一个论证。鉴于这点,我们可以说,象征秩序是一个巨大的施行句,因为它把象征效力授予了每一个行动,给你提供一个角色,一个血统,等等。正如齐泽克注意到的,例如,“当通过说出‘会议结束’,而这个事实**得到了大他者承认**的时候,会议就结束了”(*EYS*:98)。的确,就像齐泽克指出的,奥斯汀理论引起人们注意的地方就是,它把一切的语言最终都总结为施行句。甚至所谓直接的记述句,例如“房子是红的”,都肯定了一种对现实的组织或布置。

通过主张施行句既是一切言语行为的**一部分**也是**一切**的言语行为,奥斯汀进入了齐泽克所说的哲学的领域。换言
82 之,对齐泽克而言,定义了哲学的一个东西就是当一个思想体系的一部分被特权化为体系余下部分的意义之根据或视域的时候。齐泽克借用黑格尔的话,把这总结为“属概念总是其自身的一个种概念”(*TMOE*:97)。换言之,在齐泽克看来,关于某个事物(例如言语行为)的普遍概念总是由那个概念的一个特殊例子(这里是施行句)定义的。看待这点的另一方式是认识到,某个事物的整体(所有的言语行为)只能通过用一种过度打破那个整体的平衡(通过宣称所有的言语行为最终都是施行句,即便这些施行句当中的一些也是记述句)来实现。

这里就有齐泽克对哲学家著作标题中的“与”的反复讨论的意义。当一个“与”在这样一个标题或论断中出现的时候，它指示了部分与整体的关系，其中，整体的一个元素构成了整体的余下部分的基础。例如，当马克思提到“那里占统治地位的只是自由、平等、所有权和边沁”[1]（Marx 1976：280）时，最后一项“边沁”就是我们应在其中解读其他各项的意义视域。正如齐泽克认为的，“增补项‘边沁’代表了为关于自由和平等的乏味语句提供具体内容的社会环境——商品交换、市场贸易、功利主义的自我主义”（*TIR*：104）。那么，在马克思的论述中，“边沁”充当了一个“缝合点”，固定了句子里的其他词语。类似地，我们会说，齐泽克的整个作品是以拉康的精神分析、黑格尔的哲学和马克思的政治经济学为基础的，但这个整体在整体的一部分，也就是在马克思的政治经济学当中，发现了其意义的视域（或缝合点）。换言之，马克思的政治经济学就是（齐泽克作品）整体当中的那个超出或超过整体的其余部分的元素。

如果它无论如何都是一件不幸的事情，那么，男人为什么还要通过选择女人作为其爱的对象而继续在女人身上误认自己精神的理想形象呢？魏宁格对此问题提出的解答是说，男人对性欲的屈尊首先创造了女人。通过颠倒认为女人引发了人类之原罪的《圣经》叙事，魏宁格大胆地提出，“女人是男人的原罪”（转引自 *TMOE*：141）。女人是由男人产生的，并且只有当男人以其

---

1 引自马克思．资本论[M]．第一卷．中共中央马克思恩格斯列宁斯大林著作编译局，译．北京：人民出版社，1975：204．——译者注

精神为代价,皈依自身的性欲时,女人才存在。所以,女人的一
83 个目的是保持男人性欲的不朽,就不让人感觉惊讶了,因为如果不这样,她就不能存在。女人只是一个结果;"*所以女人不自在地存在*"(转引自 *TMOE*:141)。这一切解释了,为什么男人选择女人作为其特殊的爱之对象:由于女人的存在首先是因为男人的"过错",所以,男人在其罪行中遭受其罪疚感的折磨,并努力通过爱女人来安抚那种罪疚感。然而,不管男人多么爱女人,也不管女人多么努力把男人的精神价值内在化,女人都无法逃避其真正的本质。对魏宁格而言,女人是本质地不自由的,是菲勒斯(或父权律法)的奴隶,如果她试图压抑这样的事实,那么,她会在其真正本质回击的时候,患上歇斯底里症。

从这样的总结中可以清楚地看到,魏宁格的理论很可能是有史以来得到发表的最坦率的厌女主义论述之一了。但在齐泽克看来,恰恰是这样的坦率,恰恰是魏宁格观点的极端性,意味着《性与性格》不知不觉地为一种拉康式的女权主义提供了基础。在这方面,首先要注意的是,魏宁格免除了一切把女人视为"谜",视为理性之光无法通达的"黑暗秘密"的观念。因为,相反,魏宁格彻底地剖析了女性的观念,并且发现,那里根本没有任何东西。女人的秘密就是她并不存在。对齐泽克而言,魏宁格在完成了这种同传统的父权制描述(它把女人描述为男人理性的神秘的或谜一般的界限)的决裂后,没有走得更远。他没有认识到,在他所察觉的女人的"虚无"中,有着主体性本身的基础。

正如我们在第 1 章看到的,主体恰恰是这样的空虚或虚无,它在被刻入象征秩序之前就存在着了。根据齐泽克的说法,魏宁格害怕的不是女人,而是主体性的空虚本身,是形成主体的

“世界之夜”的绝对否定性。换言之，女人，是完美的主体。魏宁格没有在那个谜题，在女性的面具背后发现什么东西——某种隐晦的神秘——而是发现了虚无，这个事实，对齐泽克而言，意味着魏宁格在主体性的普遍真理上意外地失足了。理解这点的另一种方式是通过拉康从语言学当中借用的对阐述的主体(subject of the enunciation)和被阐述的主体(subject of the enunciated)的区分。主体的空虚或深渊是阐述的主体，而被阐述的主体是象征界的主体，是社会网络的主体。所以，魏宁格的论点“女人不存在”就等于说，女人不在被阐述之主体的层面上存在——她从魏宁格的父权制象征界当中被排斥出去——她只在阐述的层面上，作为主体的空虚而存在。

阐述的主体与被阐述的主体 84

阐述(énonciation)的主体是说话的“我”，是在进行言说的个体；被阐述(énoncé)的主体(一些批评家所谓“陈述的主语”)是句子中的“我”，是所有个体使用的语法名称或代词。换言之，“我”不等同于它自身——它在个体的“我”(阐述的主体)和语法的“我”(被阐述的主体)之间产生分裂。虽然我们会把它们经验为统一的，但这只是一种想象界的幻觉，因为抽象的代词“我”其实是主体之“我”的一个替代或替身。它没有说明我的全部特殊性；它毋宁是我和其他所有人所共享的一个一般概念。为了和其他所有人共享它，我的经验现实，在某种意义上，必须被消灭，或者，就像拉康戏剧性地表达的，“符号首先将自身呈现为对事物的谋杀”(Lacan 1977:104)。换言之，主体只有通过否定实在界，通过用词语所表达的自我之概念——例如，用名字或代词——来“谋杀”

或替代自我的有血有肉的现实,才能进入语言。所以,在拉康和齐泽克看来,每一个词都是一块墓碑,标记着它所代表并替代的事物的缺席或死尸。正是部分地出于这样的考虑,拉康能够大胆地把笛卡尔的“我思故我在”改写为“我不在处我思,故我不思处我在”(Lacan 1977:166)。这里的“我思”是被阐述的主体(象征界的主体),而“我在”是阐述的主体(实在界的主体)。拉康通过此方式重写笛卡尔的我思的目的是要揭示,主体被语言不可挽回地分裂,撕成碎片了。

“女人是男人的症状”

或许,我们现在可以看到,齐泽克如何把魏宁格的理论逻辑推向极致,以证明:就女人是其绝对否定性形式当中的主体而
85 言,“女人不存在”。然而,他如何回避他所承认的魏宁格的论断“男人创造了女人”和拉康的公式“女人是男人的症状”之间看似明显的平行关系呢?在这方面,齐泽克的第一点是注意到拉康的命题是其晚期作品的产物。这种年代学的强调是至关重要的,因为从20世纪50年代的最初表述到70年代的最终重构,拉康根本地改变了其症状(symptom)的概念。在早期理论里,症状是把关于主体之欲望(被背叛了的欲望)的真相还给主体的密码或讯息。

如果女人是这个意义上的一个症状,那么,她只是男人欲望之背叛的一个化身,即如下事实的化身:“男人屈服于他的欲望”(*EYS*:154)。所以,在这个观念和魏宁格的主张(当男人没有实现其精神潜能[其真正欲望]的时候,这样的失败就在女人的创造中[作为一个症状]呈现出自身)之间,没有什么差别。

一旦男人承认这样的失败并回到其渴望成为一个精神性存在的真相上，女人就消失了。女人仅仅作为男人自身的不道德分裂的一个结果而存在，因此，她没有自足的存在。在他对德国作曲家理查德·瓦格纳（Richard Wagner，1813—1883）的歌剧的解读中，齐泽克认为，存在着一种“瓦格纳式的施行句”，它是按魏宁格所赞成的逻辑来运行的。当瓦格纳的一个主角通过一个施行句，实现了其象征的角色时，这个行动就“证明了它同女人存在的互不相容”（*EYS*：155）。例如，在《漂泊的荷兰人》（*The Flying Dutchman*）中，作为船长最终宣称自己是“漂泊的荷兰人”的一个结果，珊塔杀死了她自己。齐泽克认为，类似的模式也在硬汉侦探小说和黑色电影（*film noir*）中出现。在黑色电影的世界里，女人作为侦探想要发现真相的道德欲望的一种放弃的物质化而出现——与其说侦探因女人（她呈现为蛇蝎美人[femme fatale]）而偏离了正轨，不如说女人是其偏离的化身。当侦探回到他的欲望上，并且，可以说，忠于自身的时候，女人就总是消失或死亡了，例如，在美国作家雷蒙·钱德勒（Raymond Chandler，1888—1959）的《再见，吾爱》（*Farewell, My Lovely*）中，当马洛让韦玛/格雷里面对真相的时候，她就失踪并死亡了。

与这个理论及其产生的解读形成对照的是，“女人作为男人的症状”指向了拉康晚期的症状概念。为了把它和早期观念 86
区别开来，这样一个症状有时被拉康和齐泽克用一个新词“症候”（sinthome）来指称。在这样的情形中，症状或症候是一个意指的构成，其中，一个个体主体组建了它同享乐（jouissance）的关系。享乐要和纯粹的快感（pleasure）区别开来。它是超越纯粹快感本身的快感，是一种达到了高潮的快感，指示着快感变成了痛苦的点。因此，它表达了一种要通过抓弄你自己溃烂的伤口而获得的满足，而正如齐泽克向我们表明的，这道伤口把症状的概念整齐地象征化了。症状只是主体身上的这样一道伤口，它把主体的一致性赋予了主体。就像齐泽克主张的，症候是

> 一个具体的“病理性”的意指构成对快感的绑定，一个抵抗沟通与阐释的惰性瑕疵，一个不能囊括在话语循环、社会粘结网络循环中却又成为其生存的瑕疵。[1]
>
> （*SOI*:75）

齐泽克援引电影《异形》中的异形作为这样一个瑕疵的例子。虽然它是飘浮的太空船中船员的一个增补，但通过它对船员的威胁，它也把一种统一性赋予了那个团体。的确，我们同我们的症状保持的模糊的关系——我们既享受着我们的痛苦又因我们的享受而痛苦——在（西格妮·韦弗［Sigourney Weaver］扮演的）里普利角色身上得到了体现：随着电影《异形》系列的发展，她渐渐地开始和异形产生认同。

或许，现在更清楚的是，当齐泽克提到“女人是男人的症状”时，他的意思有别于魏宁格的认为女人的存在依赖于男人的观点。事实上，情况恰恰相反。因为如果症状是维持主体之一致性的东西，那么，它的消解同样会背叛那种一致性而主体也会消失。所以，“女人是男人的症状”的命题正式提出了一个事实，即男人只有在女人把一致性赋予他的时候才存在着。换言之，男人的存在取决于女人。男人的存在外在于他自身。就像齐泽克说的，男人“真正地外持（ex-sist），他的整个存在都在‘那

---

1 引自齐泽克.意识形态的崇高客体［M］.季广茂，译.北京：中央编译出版社，2002：105.——译者注

儿之外’，在女人身上”（*EYS*：155）。所以，虽然拉康的口号“女人是男人的症状”和魏宁格的命题（齐泽克把它调用为拉康口号的一个情形更糟的情境解读）之间存在着相似性，但两个论 87
断的意思是截然相反的。

“性关系不存在”

然而，从最好的角度看，我们现在不是面对着一种观念的反转，一种实则是厌男主义（misandrist）而非厌女主义的反转吗？或者，从最坏的角度看，齐泽克不是强化了魏宁格对女人的规定吗，即女人是一个被动的对象，它在这里以其最古老的形式显现出自身，把女人描述为男人固有存在的被动的容器或承受者。为了打消这些观念，在这个阶段，最贴切的做法是肯定，当齐泽克写到“男人”和“女人”的时候，这些概念不应被理解为表达了一种本质主义的观点。换言之，“男人”的概念并不必然地指某个有阴茎的人，而“女人”的概念也不必然地指某个有阴道的人。

如果有不少人觉得这样的论述难以接受，那么，其他人则会把它很好地理解为是对男人和女人所共享的“天地”两极（阴阳）之流行的指示。毕竟，我们并不熟悉这样的观念，即男人试图“发现其女性的一面”而女人试图“发现其男性的一面”。两性之间平等的整个观念往往是基于一种平衡的原则，即这样的事实：我们能够在不同的情境中调动我们自身的不同方面，所以，任何一个性别都不能垄断所有特殊的活动。然而，这不是齐泽克所说的“男人”和“女人”的意思。他的意思也不是这一主题的一个变奏，就像我们可以在美国作家约翰·格雷（John Gray，1951—）所写的畅销书《男人来自火星，女人来自金星》中发现的那样，它认为男人和女人（在隐喻意义上）来自具有不同的（因此被误解了的）心理经济的不同星球。男人和女人的问题，根据齐泽克的说法，毋宁在于，我们都“来自同一个，可以说，从内部分裂了的星球”（*TTS*:372）。

为了解释这个论断并因此理解齐泽克所说的“男人”和“女人”的意思，我们需要留意处于拉康性化公式之中心的口号：“性关系不存在。”我不会用拉康所使用的演算形式在这里复制公式，而是把其主要观点总结为表 5.1 当中的一个简化的格式。
88 关于这些公式，首先引起人们注意的可能是：一个公式（例如，“全部言说的存在者都服从菲勒斯的功能”）的有效性使得另一个公式（例如，“并非全部言说的存在者都服从菲勒斯的功能”）的共存变得不可能。就这里所阐释的四个立场之间无法确立一种和谐关系而言，这样的不可能性已经是解释“性关系不存在”这一口号的一种方式了。

为了超越这样一种对公式的无知的解读，我们不得不理解所谓“菲勒斯的功能”的意思。在一个基本的层面上，菲勒斯的功能代表了阉割的功能（鉴于其名字，这显得有些悖谬）。让我们在这里明确：拉康或齐泽克谈论的都不是切掉实际的阴茎。

表 5.1　性化公式

男　人		女　人	
公式 1	有一个对菲勒斯的功能说“不”的言说的存在者	公式 A	没有一个对菲勒斯的功能说“不”的言说的存在者
公式 2	全部言说的存在者都服从菲勒斯的功能	公式 B	并非全部言说的存在者都服从菲勒斯的功能

事实上，他们谈论的根本不是实际的阴茎。正如“菲勒斯”(phallus)这个称号所暗示的，他们在这里的指涉点是一个符号。阉割只是对我们藉以进入象征秩序的那一过程的命名，经由那一过程，我们用事物的一个符号取代了实际的事物。在这个意义上，阉割意指象征化过程所导致的缺失。正如拉康对笛卡尔的“我思”的改写，“我不在处我思，故我不思处我在”所表明的，当我们选择思想的时候，我们就失去了存在；当我们选择词语的时候，我们就谋杀了词语所代表的事物。与此相一致的是，随着阉割的到来，我们失去了享乐。享乐服从一个象征界的禁令，一个由菲勒斯所意指的禁令。

如果我们现在转向同菲勒斯功能的各种关系之间的差异，我们可以(在公式 2 中)看到，所有的男人都是由这样的事实定义的，即他们必须服从象征阉割。在一种至此对齐泽克的信徒们而言或许并不陌生的悖论当中，这个普遍的法则只有通过一 89
个例外才能得到确立，而那个例外就是(公式 1 中)一个不必牺牲自身之享乐的男人。在齐泽克看来，这样的男人就是“《图腾与禁忌》中弗洛伊德神话的原始父亲，这个神话的存在者拥有所有的女人并能够实现完全的满足”(*FTNK*:123)。这个男人的神话地位是至关重要的，因为他不得不死去或被屠宰，以让一般的男人在象征界当中存留。他的神话维系了对象征界而言必要的幻觉，即享乐的完满将再一次可以获得。

在这种确保整体的例外状态中，我们或许可以看到一种同之前的命题，“属概念总是其自身的一个种概念”的类似性。除了所有的男人(men)，还有一个维系他们的大写的男人(Man)。这好比对古人而言，除了构成宇宙的四种元素或实体——水、火、土、气——之外，还有第五种元素，它被称为第五元素(quintessence),事实上潜藏于所有的事物之中。在这个意义上,可以获得完全之享乐的男人,对被阉割的男人构成的世界而言,就是第五元素。与之相对地——这就是为什么我没有按顺序标注公式——女人的逻辑属于"并非全部"的逻辑。如果,正如我们已经看到的,男人的整体,所有男人的集合,只能通过赋予那个集合一个例外(见公式1)而得到定义,那么,相反地,在"女人"的规定下,不存在菲勒斯之例外的事实——"没有一个对菲勒斯的功能说"不"的言说的存在者"(见公式A)——就意味着,女人不是一个整体或全部:她,换言之,是"并非全部"(non-all)。公式中男人的例外(齐泽克把它确认为《图腾与禁忌》中的原始父亲)充当了一个界限或边线,由此,作为一个整体的男人才得到了定义,但这不适用于女人——女人没有界限或边线。所以,原始父亲是大写的男人概念(和所有单个的男人对立的大写的男人)的化身,但大写的女人则没有一个对应的普遍观念。那么,这最终就是"女人不存在"的意思:*la femme*,大写的女人(*the* Woman),不存在。

这同样意味着,存在着"一种对象征认同的女性抵制"(*TWTN*:57)。齐泽克认为,这种抵制所采取的形式是歇斯底里。歇斯底里,至少对精神分析而言,规定了一种追问的态度,尤其是一种对大他者的追问。这样的追问在齐泽克的作品中往往被简写为"*Che vuoi?* "——"大他者想从我身上得到什么?"
90 通过其表述,这个问题在追问者和大他者,即象征秩序之间,制造了一个距离。所以,它规定了象征秩序的失败,但——这是至关重要的——它也规定了主体性的时刻。如果我们完全地承担我们在象征界当中的地位并百分百地扮演我们的角色,那么,作为主体的我们的哪一部分是真正的主体的呢?回答就是,没有什么部分是主体的——我们会被象征界所完全客观地包括。我们作为主体,作为主观存在者的状态,直接地源于我们在完全融入象征界时遭遇的失败。所以,象征界的失败和主体性的创造严格地相关。主体恰恰是我们的那一部分,它以歇斯底里症患者的"*Che vuoi?* "("汝所何欲?"),即追问象征界的形式,让自身从大他者当中分离出来。

从这个理论中,我们会推测出两个东西:首先,主体的状态是根本地歇斯底里的,其次,女人,作为歇斯底里的存在者,是本真的主体。这最终就是齐泽克确定魏宁格《性与性格》之价值的地方。《性与性格》代表了一种始于 19 世纪的潮流的顶点,在这种潮流中"歇斯底里的女人形象(在瓦格纳、卡夫卡、蒙克等人的作品中)的突然出现宣告了一种性关系的危机,而我们继续活在这种危机的阴影之下"(*GAV*:2)。瓦格纳的歌剧、卡夫卡的小说或蒙克的绘画所传达的对女人歇斯底里的恐惧只是一种承认的恐惧,即承认主体的中心(始终)只有空无,并且,这样的"空无"恰恰是象征化的失败。在性化公式里,男人是填补这个"空无"的东西。换言之,女人是男人藉以定义他自己的深渊的界限。所以,"男人"和"女人"的规定代表了象征化失败的两种模式。"女人"和"男人"不是生物上的既定事实,他们不是我们所采取的主体地位或角色,而毋宁是象征化失败被形式化的方式。

那么,这就是"性关系不存在"的意思。它的意思不是说没有性爱或性交这样的东西。它指的毋宁是一个更加深刻的困境,即性差异是实在界,并且它因此无法被象征化。对齐泽克而言,正如阶级斗争是实在界之对抗的一个表达,"男人"和"女人"都是把性差异的实在界调转为象征界之对抗的失败了的尝试。所以,两性之间的差异的问题不是简单地承担两种不同的 91

象征界命令的问题——这些命令不是角色本身,完成角色的失败意味着你被驱逐到了实在界。"男人"和"女人"的规定毋宁是指解释性差异之实在界的象征化之失败的不同方式。

美国女权主义者朱迪斯·巴特勒(Judith Butler,1956—)质疑这样的理论并问它是否意味着"女权主义是一条死路"(*CHU*:6)。因为如果性差异是实在界,那么,这不是意味着,性差异在某种程度上是先验的或一个"自然的既定事实"吗?而如果性差异是一个"自然的既定事实",那么,显然,想要改善女性当下状况的任何尝试不是总能被这样的指涉,即"事情本来就如此"所挫败吗?在齐泽克看来,对这些问题的回答是"不"。他宣称,这样的论证依赖于一种暂时的困惑,即实在界仅仅被理解为在象征界之前存在,而实在界其实是由象征界的失败产生的。实在界是象征化之后留下的东西,并且,由于象征化在整个历史中不断变化,女权主义因此不是一种试图改变不可改变之事的无意义的实践。的确,根本不存在一套我们可用来评判人的既定的规范,齐泽克认为,规范本身也是不存在的:

> 并不是说,我们接受同性恋者、恋物癖者和其他性变态者而**不顾**性差异的规范性事实,即作为性差异不能实施其规范的证据;也不是说,性差异是使性欲的偶然性漂流固定下来的最终点。相反,性差异解释了性差异的实在界和异性恋的符号规范(在这规范中,仍有许多性欲的"倒错"形式)的决定性形式之间存在的裂隙。[1]
>
> (*TTS*:273)

1 引自齐泽克.敏感的主体:政治本体论的缺席中心[M].孙晓坤,译.南京:江苏人民出版社,2006:314.有改动。——译者注那么,我们的性欲是齐泽克所说的"动物之交媾"(*EYS*:154)——受本能和自然节奏控制的交配的生物事实——的一种古怪的结合,而性差异之不可能性的象征界僵局就被移植到了那里。这两种元素——动物的交媾和象征化的失败——除了它们在我们性欲层面上的偶然相遇外,就没有别的办法联系起来了。换言之,我们的性欲是活生生的肉体在象征秩序当中进行交缠的产物。两者之间没有"完美"的配对,因为如果存在那样的配对,象征秩序就不会实际地存在。象征秩序是以其自身 92
的不充分性为基础的,即它无法完成自身或让自身遵守事物世界和词语世界之间的一种完美的对应关系。而"性关系不存在"的口号中提到的恰恰是象征界的不充分性。

最后,让人意想不到的是,齐泽克认为,"性关系不存在"的事实恰恰是我们需要爱情的原因。根据齐泽克的说法,"爱情是一种诱惑,一个蜃景,其作用是为了模糊两性关系的不可还原的、构成性的'脱节'"(*GAV*:2)。在这个意义上,爱情类似于意识形态;我们甚至会说,它是关于性差异的意识形态。因为正如意识形态掩盖了实在界当中阶级斗争的象征化之失败,爱情同样掩盖了性差异的象征化之失败。的确,最具欺骗性的爱情,例如侦探对蛇蝎美人的爱情,呈现了一系列对其自身之完满的阻碍。这些阻碍仅仅模糊了一个事实,即看似被它们所妨碍的完满其实是不可能的——也就是说,把"男人"和"女人"协调起来最终是不可能的。

小　结

齐泽克对男人和女人之间差异的绝大多数讨论提到了魏宁格的《性与性格》。在《性与性格》中，魏宁格认为，女人的创造源自男人实现其精神潜能的失败。因此，魏宁格的理论听起来十分接近拉康的性化公式，这些公式以口号的形式提出“女人是男人的症状”和“女人不存在”。换言之，魏宁格的理论代表了一种对这些公式的极端误读。然而，在齐泽克看来，这些公式意味着女人是维持男人一致性的东西，并且，女人的不存在其实代表了一种构成一切主体的根本否定性。“男人”和“女人”的概念，对齐泽克而言，指的不是一种生物的划分或性别的角色，而是象征化失败的两种模式。而这样的失败恰恰意味着“性关系不存在”。

6

为什么种族主义总是一种幻想？

汝所何欲?："你想从我身上得到什么?"

对齐泽克而言，种族主义从"汝所何欲?"(*Che vuoi?*)的问题开始。正如我们在第5章看到的，"汝所何欲?"是"你想从我身上得到什么?"的简写。这个问题源自我们在象征秩序当中的角色的任意性。这些角色的任意性在于，它们不是我们实际的真实属性的直接结果。例如，如果我是一个国王，那么，我身上并没有什么根本地"国王"的东西；我没有一种与生俱来的"国王"的本质性质。"国王"的性质是当我在一个皇室中出生的时候，由我在象征秩序当中的地位赋予的。所以，我们同我们的角色保持着距离，因为我们并不觉得我们可以完全地承担它们。这个距离在我们向大他者提出的问题，"汝所何欲?"——"为什么你说我是什么，我就是什么?"——中得到了表达。这个问题如今更多地是由名人而非国王提出的：你们(粉丝)爱我是因为我的名声(我在象征秩序中的角色)还是因为我真正所是的人？

然而，这和种族主义有什么关系？根据齐泽克的说法，“汝所何欲？”的问题或“你到底想从我身上得到什么？”的问题“以一种最为纯粹的，可以说经过了蒸馏的种族主义的形式，从反犹主义当中最为强烈地爆发了：在反犹主义的视角中，犹太人恰恰是这样一个人，关于‘他到底想要什么？’的问题从来都是不清
94 楚的”（*SOI*:114）。正如这里所表明的，在齐泽克看来，犹太人是种族主义受害者的典型形象。他在别的地方指出，这个形象也可以是美国黑人或日本人，但在欧洲，犹太人总已经是种族主义的主体。犹太人是可疑的，因为我们不知道他想要什么——他的意图和他的欲望在我们看来是不清楚的。为了消除对犹太人的“汝所何欲？”产生的困惑感，我们创造了我们自己的情节，用一种隐秘的动机来解释犹太人的行为——“这是他真正想要的（得到我们的金钱，统治我们的世界，等等）”。这样的情节，这种对“汝所何欲？”的回答，是一个幻想。幻想充当了这样的尝试，它通过为我们提供一个切实的回答而填补“你想从我身上得到什么？”的问题造成的空虚。它让我们摆脱了我们不知道他者到底想从我们身上得到什么而产生的困惑。

为了说明这点，齐泽克指出，犹太人成为种族主义的典型主体的原因是犹太教上帝的特殊性。犹太教的上帝是不可知的。在齐泽克看来，犹太教禁止制作上帝之图像的命令意味着，犹太教的上帝作为“汝所何欲？”的化身而持存——我们从不真正地知道他想从我们身上得到什么。甚至当这个上帝说出一个可以理解的命令时，例如当他要求亚伯拉罕牺牲自己的儿子时，他到底想从亚伯拉罕身上得到什么，这个命令背后的上帝的意图是什么，仍然是不清楚的。在这方面，亚伯拉罕的位置象征着犹太

人整体的位置。为什么他们被上帝挑为“选民”？他们自身没有什么特别的，但当他们承担其象征界的命令，上帝为他们选择的角色时，他们成为了“选民”。所以，一个犹太教信徒的起点就是“汝所何欲?”的困惑——“上帝想从我们身上得到什么?”齐泽克认为，与犹太教的焦虑形成对比的是，基督教是以“汝所何欲?”的平息为基础的：基督的激情，基督在十字架上的形象，是一个填补了他者欲望问题之空虚的幻想情景。通过牺牲自己的儿子，上帝向基督教信徒们再次保证他爱他们并因此明确了他的欲望。

齐泽克强调，我们在此必须弄清楚：幻想，作为一个精神分析的范畴，不能被还原为一个让我们的欲望得到满足的想象的情景。在此要注意的第一点是，欲望本身是无法满足或实现的。为了例证这点，齐泽克讲述了美国作家罗伯特·谢克里(Robert

歇斯底里，强迫症和倒错 95

我们在上一章看到“汝所何欲?”的问题定义了歇斯底里的位置。歇斯底里者从不清楚他者想要什么并因此总受到一种自我怀疑的折磨，这种怀疑体现为不断地追问。在明显的歇斯底里中，主体相信他者想要从他或她身上得到的是爱。在强迫症(它是歇斯底里的一个子集)的情形里，主体相信他者想要的是工作，因此，强迫症患者让他或她自己投身于狂热的活动。齐泽克通常把这些歇斯底里的回应同性倒错进行对比。虽然倒错和平常所谓的性变态联系在一起，但它也是拉康的精神分析的一个术语，规定了一个主体知道他者想要什么的那种确定性。所以，倒错者是由追问的缺失定义的。他或她相信他者欲望的意义。

Sheckley,1928—2005)的《星球商店》(Store of the Worlds)的故事。故事的主人公拜访一位年长的隐士,后者据说可以通过一种药物来满足人们的欲望。在出售药物之前,老人建议主人公,一个名叫韦恩的人,回去想想他要做什么。回到妻子和孩子身边后,韦恩陷入了日复一日的家庭生活当中,虽然他一直向自己承诺,他有一天会拜访老人并实现其内心的欲望,但整整一年之后,他才决定前往。但在这个时候,韦恩突然在老人身旁醒来,后者问韦恩是否得到了满足。韦恩说他已经满足,随后,他急忙地离开,穿过了一片因核战争而荒芜的风景。故事的陷阱,正如齐泽克认为的,在于“我们以为‘事情本身’在不断地拖延,其实不断拖延这个行为,正是‘事情本身’;我们以为自己在寻觅欲望,在犹豫不决,其实寻觅欲望和犹豫不决这个行为,本身就是欲望的实现”[1](*LA*:7)。换言之,欲望只能在幻想中通过满足的拖延,通过欲望的不朽,而“得到满足”。一旦欲望在其被实现的意义上得到了满足,它就消失了。

齐泽克坚持认为的幻想的第二个特点是,我们欲望的对象
96 不是某种提前被给定的东西。幻想毋宁教会我们首先欲望什
么。幻想其实建构了我们的欲望,正如齐泽克解释的:

> 幻想并不是说我想得到块草莓蛋糕,但我在现实中得不到,于是我幻想得到它,上面说法的问题在于:首先,我怎么知道我想得到一块草莓蛋糕?这就是幻想告诉我们的。[2]　(*TPOF*:7)

1　引自齐泽克.斜目而视:透过通俗文化看拉康[M].季广茂,译.杭州:浙江大学出版社,2011:11.——译者注

2　引自齐泽克.幻想的瘟疫[M].胡雨谭,叶肖,译.南京:江苏人民出版社,2006:8.——译者注

欲望一块草莓蛋糕的幻想是我自己的个人关注。在这个层面上,幻想是十分特别地属于我的。但同时,在这个幻想中得以实现的欲望并不严格地是我的欲望,它毋宁是他者的欲望,是产生“汝所何欲?”之谜的欲望。所以,欲望的问题从不直接地是我想要什么的问题,而是他者想从我身上得到什么的问题,即我对他人而言是什么的问题。

为了说明这点,齐泽克讲述了弗洛伊德提到的他女儿吃一块草莓蛋糕的幻想。弗洛伊德女儿的幻想不只是一个简单的希望得到了满足的例子,其中,她想要一块草莓蛋糕并且为了满足这个欲望,她梦想了一个她在吃蛋糕的情景。这里的关键不是她的欲望而是他者的欲望,在这个例子里,他者就是渗透了其欲望的父母。之前,在带着一定程度的喜好来吃一块草莓蛋糕的时候,弗洛伊德的女儿已经注意到她的父母看上去如何享受她吃蛋糕的场景。所以,他们想从她身上得到什么就变得清楚了——他们想要她吃下草莓蛋糕。所以,女孩吃草莓蛋糕的幻想是一种回答“汝所何欲?”或“我父母想从我身上得到什么?”的问题的一种方式。虽然草莓蛋糕的幻想是她的幻想,但它所实现的欲望其实是她父母的欲望。更确切地,我们总可以说,弗洛伊德女儿的欲望是对他者之欲望的欲望(对她父母想从她身上得到什么之问题的回答的欲望)。

那么,幻想就是齐泽克所说的*主体间性的*(intersubjective)。齐泽克的意思是,幻想只能由主体之间的互动产生。不管一个幻想对一个个体而言是多么地特别,那个幻想本身总是一个主体之间的情境的产物。为了明确这点,我们可以把“汝所何欲?”、幻想和欲望的关系图式化,见图6.1。

97

幻想作为大他者之不一致性的面具

齐泽克时常提到的看待幻想和大他者之间关系的另一种方式是把幻想视作对象征秩序之不一致性的掩盖。为了理解这点,我们需要知道大他者为什么是不一致的,或围绕着一道裂隙被结构起来的。对此问题的回答,根据齐泽克的说法,是当身体进入意指或大他者的领域时,它就遭到了阉割。齐泽克的意思是说,我们为我们进入语言的普遍中介而付出了失去我们完全的身体性自我的代价。当我们服从大他者的时候,我们牺牲了我们对我们身体的直接通达,并注定要通过语言的中介来与之联系。所以,在我们进入语言之前,我们是齐泽克所谓的"病态"的主体(他用符号"S"标记的主体),而在我们沉浸于语言之后,我们是他所谓的被划除了的主体(他用符号"**$**"标记的空洞的主体)。从被划除的主体中划除了的东西恰恰是作为享乐之物质化或肉身化的身体。物质的享乐和能指的非物质秩序是严格地不一致的,或相异质的。

那么,为了让主体进入象征秩序,享乐(jouissance)的实在界不得不从中被撤离。也就是说,正如我们在前一章看到的,象征界的到来导致了"对事物的谋杀"。虽然并非所有的享乐都被意指的进程所完全撤离了(一些存留于我们所谓的性感区域),但绝大多数的享乐都没有被象征化。这意味着象征秩序无法完全地解释享乐——享乐恰恰是大他者身上缺失的东西。所以,大他者是不一致的或围绕着一种匮乏,即享乐的匮乏,被结构起来的。我们会说,通过允许主体进入,大他者被阉割了或变得不完整了,正如它对主体的准入阉割了主体一样。

> 幻想所做的事情就是掩盖这种匮乏或不完整。所以,例如,就像我们在前一章说的,在大他者那里,“性关系不存在”。因此,性场景的幻想就掩盖了这种性关系的不可能性。它掩盖了大他者身上的匮乏,缺失的享乐。在这方面,齐泽克往往主张,幻想是主体组建其享乐的一种方式——它是一种驾驭或驯化无法被象征化的享乐的创伤性缺失的方式。

98

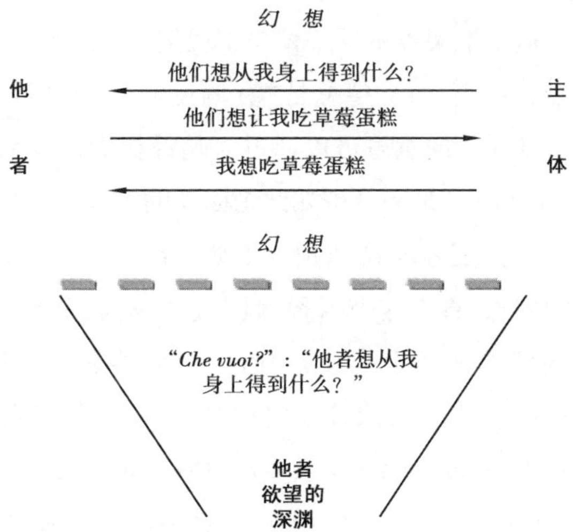

图 6.1 幻想的结构

正如我们在这个图式中看到的,主体面对着他者之欲望的深渊:他者想从我身上得到什么?为了“满足”这个欲望并掩盖深渊,主体用一个幻想来回应。所以,幻想实现了他者的欲望。我不肯定他者想要什么,但他们看上去喜欢让我吃草莓蛋糕,所以我就会吃草莓蛋糕以满足他们的欲望。在种族主义的例子里,幻想的主体间性的元素意味着,种族主义者矛盾地展示了其受害者的欲望。面对着犹太人欲望的深渊，种族主义者通过建构一个让犹太人处于邪恶阴谋（例如统治世界）之中心的幻想，来使之变得有意义。由此，种族主义者想把犹太人从自己的国家赶出去的欲望其实是一种掩盖犹太人的欲望所产生之焦虑的手段。

99 透过幻想之窗观看

齐泽克往往把幻想视为一个框架，而我们就透过这个框架来看现实。这个框架提供了一种关于现实的特殊的或主观的视角。它渗透着欲望，而欲望总是"有偏见的"，即总是假定了某一个视点。齐泽克的意思可以通过对畸像概念的参照来理解。畸像（anamorphosis）是一个被如此歪曲了的图像，以至于它只有从一个特殊的角度才能被识别。正如齐泽克宣称的，它是"画作上这样的因素：直视这个因素，似乎它就是毫无意义的斑痕，但从一个确定的侧面审视整幅画作，它突然展示了清楚的轮廓"[1]（*LA*：91）。关于畸像被人引用最多的例子是德国画家汉斯·荷尔拜因（Hans Holbein，1497—1543）的一幅名为《大使》（*The Ambassadors*）的画。表面上这只是一幅关于两位外交使节的肖像画，他们站在亨利八世的宫廷里，置身于一切有关文艺复兴学识的道具中间。然而，在画面的底部是一块被拉长了的斑点，当人们从侧面观看的时候，它将自身显露为一个骷髅头。这种对死亡的畸像的提示改变了画面的意义，玷污了它以一种徒然而空虚的感觉描绘的世俗之完满。它不是余下的画面领域的一部分，但同时，它完全改变了余下画面的意义。同样地，"'幻

1 引自齐泽克．斜目而视：通过通俗文化看拉康［M］．季广茂，译．杭州：浙江大学出版社，2011：155．——译者注

想'规定了一个'显眼'的元素,这个元素无法被整合进既定的象征结构,但它恰恰因此建构了象征结构的同一性"(*EYS*:89)。

我们会把这个"显眼"的元素视为一种剩余的知识,它玷污了凝视,把观者主体化了并让观者无法以一种客观的或中立的方式来看画面。事实上,在这里,我们可以更确切地说,畸像只是一种剩余知识的物质化。例如,《大使》中的骷髅污点仅仅阐释了这样的知识,即死亡总是一个在等候着我们的结局,不管我们是多么地睿智。所以,畸像是一种悬置的形式:它悬置了一幅画面或一个场景的表面意义。例如,如果我们看到一个电影片段,它向我们展示了某个人正在一间房子里悠闲地做饭同时在听电话留言,那么,这似乎是一个无伤大雅的、平凡的镜头。但如果在这之前的镜头里,我们从同一间房子的外部看到有人在灌木丛中潜行,他戴着面具并挥舞着刀子,那么,这就彻底地改 100
变了第二个镜头的意义。第一个镜头玷污了第二个镜头。我们如今得到了一种玷污我们凝视的剩余知识。我们面前的屏幕上并没有什么污点,但第二个镜头中房子里的人所做的一切都因这样的知识而改变了性质,即我们知道这个人受到了屋外潜行者的威胁。

最终,畸像代表的是主体性本身。因为主体性恰恰是这样一种剩余的知识。它无法保持为中立或客观的东西,只能从一个特定的角度来斜视世界。种族主义就是这方面的典型。在2001年对阿富汗的联合轰炸开始后不久,美国总统布什(1946—)在电视上对美国民众做了讲话,他引用了一个女孩写给她参加战斗的军人父亲的信。信里说女孩虽然不想让父亲去战斗,但她愿意为战争放弃父亲。对布什总统而言,这就是美国爱国主义的一个最终例了。齐泽克认为,我们可以在这个事件上进行一项简单的思想实验，想象同样一封信是由一个八岁的阿富汗女孩写的。我们（西方人）难道不会谴责这样的行为是一种犬儒主义的操纵性的原教旨主义的作品吗？齐泽克猜测我们会这样做。把信解释为爱国主义的产物和把信解释为操纵的产物之间的差别就是影响我们感知的剩余知识。如果我们是美国的主体，我们的凝视就受到了美国历史、习俗和传统的玷污。我们对阿富汗书信的阐释就被我们拥有的关于阿富汗是原教旨主义的中心，是我们国家的敌人等的知识所畸形地扭曲了。我们对种族“他者”的阐释方式总是服从我们自身起源的种族污点。

那么，畸像是一种视角——它框定了现实。在这个意义上，它类似于幻想，幻想就是一种围绕着现实的畸像的框架。这在希区柯克的一部电影，齐泽克最喜爱的参照，《后窗》（*Rear Window*）中再清楚不过了。由于大腿受伤而呆在一张轮椅上的杰弗瑞（詹姆斯·斯图尔特［James Stewart］饰）被迫透过一扇窗户来观看生活，观察院子对面的别的公寓里的人们。当斯图尔特
101 瞥见一场谋杀并捕捉到凶手本人的眼睛时，其中立的凝视就被主观化了。斯图尔特变得对凶手着迷并被迫面对“汝所何欲？”的问题——他到底想从凶手身上得到什么？凶手为什么是其欲望的对象？对此问题的回答，根据齐泽克的说法，就是：凶手展示了斯图尔特的欲望。斯图尔特的欲望集中在避免和格蕾丝·凯莉（Grace Kelly）扮演的不断到他公寓里照顾他的丽莎发生性关系上。斯图尔特透过窗户观察对面公寓的住户，因此，窗户就是一个幻想的框架。他透过窗户看到了他和凯莉可能遭遇的事情——他们有可能变得和新婚夫妇一样，他有可能抛弃她，而她会像孤独的艺术家一样死去，等等。或者，最终，他会一劳永逸

地解决凯莉的问题，杀死凯莉，就像凶手杀死他的妻子一样。因此，斯图尔特对待凶手的态度是以他同凯莉之间关系的剩余知识或畸像污斑为基础的。他的视角被其欲望的兴趣以这样一种化身为窗户的幻想屏幕的方式所歪曲或框定了。

所以，斯图尔特对谋杀的回应对他而言是特别的——它受到了其自身的特殊幻想的框定。他没有从一个不偏不倚的视角来目睹其邻居的杀戮。的确，正如齐泽克表明的，如果我们自身没有特殊的幻想，那么，我们不但没有一个清醒的、客观的现实版本，而且根本无法通达现实本身：

> 说到现实与想象之间的对立，幻想并不单纯处于想象的一边；幻想是一小块想象，只有通过它我们才能接近现实，它是保证我们能够接近现实的框架，是我们获得“现实感”的框架（一旦我们的基本幻象破碎了，我们就会体验到“丧失现实”）。[1]
>
> （*TZR*：122）

那么，不考虑其日常的内涵，幻想不只是一种异想天开的飞翔或一种想象的沉迷。相反，它是我们从中观看世界的远景。正是带着这样的一种偏见，我们才能够观看现实。

进而，在齐泽克看来，我们最根本之幻想的偏见或视角是客观上让我们变得主观的东西。我们在象征秩序当中的角色可以被任何人填补。你可以是镇子上最好的面包师并且认为你自己是必不可少的。然而，一旦你消失了，另一个面包师就会揉起你

1　引自齐泽克.实在界的面庞[M].季广茂，译.北京：中央编译出版社，2004：298.——译者注

102 的面团,烘烤你的面包,冰镇你的蛋糕,并因此根本地填补你的角色。无论如何,就你而言必不可少的东西,在你身上客观地保持独一无二的东西,是你的幻想。所以,即便有可能准确地复制你的基因,包括构成你客观身体的六十亿的编码元素,你还是无法被克隆,因为使你成为一个个体的幻想内核是不可复制的。或许会有另一个面包师,但绝不会有另一个你。

为了例证幻想的这种特殊性,齐泽克往往借助英国作家乔治·奥威尔(1903—1950)的小说《一九八四》,尤其是美国哲学家理查德·罗蒂(Richard Rorty,1931—)对它的解读。众所周知,对小说的主要人物温斯顿的折磨在101房间达到了高潮,那里实现了一个受害者的最大的恐惧。直到此刻,温斯顿已经背叛了一切他所相信的人和事,除了他对茱莉娅的爱。然而,在这里,随着一个装着老鼠的笼子贴近他的脸,温斯顿彻底崩溃了,完全地背叛了茱莉娅:

> "咬茱莉娅吧!咬茱莉娅吧!别咬我!咬茱莉娅!我不管你们把她怎么样。把她的脸撕碎,把她啃得只剩下骨头。别咬我!咬茱莉娅!别咬我!"
>
> 他向后倒去,向着极深的地方落下去,远离了老鼠。他仍被绑在椅子上,但是他已穿过地板向下坠落,穿过楼上的墙壁,穿过地球,穿过海洋,穿过大气层,进入外层空间,进入星际深渊。[1]
>
> (Orwell 1949:300)

---

1 引自奥威尔.一九八四/上来透口气[M].孙仲旭,译.南京:译林出版社,2002:267.——译者注

温斯顿在这里背叛的不仅是茱莉娅,还有他自己,即其存在的特殊性,因为它也被其根本的幻想所包含。根据罗蒂的说法,"咬茱莉娅吧!"是"他无法真诚地说出的话,因此它仍然能够把他重新拉回"(Rorty 1989:179)。齐泽克同意这样的分析,但他认为,在罗蒂把这确定为象征界之崩溃(因为它是一个句子或意指的构成)的地方,齐泽克提出,温斯顿在这里放弃的其实是其根本的幻想,也就是在象征界当中"显眼"的东西。这种幻想是其存在的支持,没有了它,他就坠入空虚,"进入星际深渊"。温斯顿的世界崩溃了,因为他不再拥有其自身视角的特殊性,其自身的幻想框架。在小说的余下部分,他成为了一个不思考的存 103
在者,一台纯粹是老大哥机器之一部分的自动机。

由于每个个体的幻想是他或她存在的支撑,所以,齐泽克的如是观点就不奇怪了,即幻想是极其宝贵的,并因此对他人的侵入十分敏感。幻想,可以说,是主体心理的柔弱神经或原始神经节,如果我们粗心大意地探测它,它很容易招致极端的痛苦。为了说明这点,齐泽克讨论了其钟爱的美国作家派翠西亚·海史密斯(Patricia Highsmith,1921—1995)的一篇短篇故事《黑屋》(Black House)。故事追随着一位刚进入一个美国小镇的年轻人。在酒吧里,他听当地人描述了他们自青年时代起在山上的黑屋里面和周围冒险的故事。这屋子是一幢荒废的建筑,他们声称,那里有一个杀人疯子或恶人出没或居住。年轻人决心证实这点,他在下一个夜晚到屋子里去并发现那里只有一片毫无威胁的破旧废墟,没有任何超自然的东西。当他回到酒吧里告诉人们他的发现时,他们惊恐不已。其中的一个人袭击了他,这个举动最终导致了年轻人的死亡。根据齐泽克的说法,当地人这样做的原因在于,黑屋充当了一个幻想的屏幕,人们可以把其怀旧的欲望投射其上。通过经验地证明，屋子只是一片破旧的废墟，年轻人不经意间闯入了那个幻想的空间。在年轻人只看到一幢破旧建筑的地方，酒吧里的人从其幻想的特殊视角来看它，因此把一种年轻人无法看透的意义灌注到了里头。人们作出暴力反应的原因就是年轻人废除了“现实与幻想空间的鸿沟，因而也取缔了那些男人拥有的空间，只有借助于那个空间，他们才能表述自己的欲望”[1]（*LA*:9）。

种族主义的幻想

随着这种关于幻想的讨论，我们看似已经远离了种族主义的话题，但齐泽克的观点是，在所谓的“种族张力”中至关重要的东西是一种幻想的冲突。关于种族主义的标准分析认为，种族主义者被误导了，缺乏教育，或在某种程度上对他们迫害的那些人缺乏了解。要是种族主义者可以像理论所说的那样客观地

104 **后现代种族主义**

齐泽克认为，如今的种族主义和后现代生活的其他每一个方面一样是自反性的。它不像它过去那样是无知的产物。所以，种族主义过去常常包含这样的论调，即另一个种族群体是本质上低于我们的，而如今的种族主义是由一种对其他文化的敬意所表达的。如果种族主义者曾说，“我的文化比你的要好”，那么，后现代的或自反性的种族主义会以另一个论断为中心，即“我的文化和你的不同”。为了例证这点，齐泽克问“在旧南非，种族隔离的官方论证不是说，黑人文化应

1　引自齐泽克.斜目而视：透过通俗文化看拉康[M].季广茂，译.杭州：浙江大学出版社，2011：14.——译者注

该保留其独特性,而不应在西方的熔炉中消散吗?"(*TFA*: 6)。这里至关重要的东西,根据齐泽克的说法,是犬儒主义的拜物教式的否认:"我很清楚所有种族的文化在价值上是平等的,但无论如何,我会表现得好像我的文化是更高级的。"在这里,当种族主义者被人要求解释其种族主义行为的原因时,被阐述的主体("我很清楚……")和阐述的主体("无论如何我表现得好像我不那么认为")之间的裂隙,就得到了保留。如齐泽克所言,一个典型的种族主义者会以这样一种方式谴责他或她的社会—经济环境,悲惨的童年,同龄群体的压力,等等,以暗示他或她不由自主地成了一个种族主义者,并且只是环境的一个牺牲品。所以,后现代的种族主义者完全能够以一种与传统的(作为无知之禀性的)种族主义形象不符的方式来把其行为理性化。

看待他们,学会了解他们,他或她的偏见就会消失。例如,要是德国种族主义者能够看到土耳其移民对德国经济作出了巨大的贡献;要是法国种族主义者能够看到阿尔及利亚共同体以法国的名义取得了重大的文化成就;要是英国种族主义者能够理解第二代或第三代印度人对不列颠的卫生状况作出了重要的贡献。要是他们都可以,那么,根据齐泽克的说法,他们还会是种族主义者。为什么?

对此问题的回答是,种族主义的主体不是诸个体的一种客观的聚集,而是一个幻想的形象。例如,在20世纪30年代,人们无法通过理性论证来让纳粹相信,犹太人其实并不处于某个要消灭雅利安民族的国际阴谋的中心。齐泽克指出,你无法向

105 他们呈现经验的证据来证明犹太人其实不是那样的,因为和酒吧里谈论黑屋的人一样,纳粹面对的不是一种关于现实的客观视角。他们毋宁是从一个幻想框架的角度来看犹太人的。那么,你不能用一个现实的视角来对比幻想的框架,因为幻想框架的全部要点在于,它首先建构了你的现实。所以,齐泽克揣测,即便你作为一个纳粹分子就住在一位真实的(real)犹太"好"邻居的隔壁,你也不会觉得你的反犹主义和这个邻居之间有什么矛盾。你毋宁会得出结论,即你的邻居证明了犹太人是多么地危险,因为他们表面上似乎是这样正派的人。看似与你的反犹主义发生矛盾的事实实际上被证明是反犹主义的有利论证,恰恰因为你透过你的幻想之窗来看这些事实。

一切都引向了一个问题:种族主义的幻想是什么?在齐泽克看来,有两种基本的种族主义幻想。第一种种族主义幻想以这样的恐惧为中心,即种族"他者"欲望着我们的享乐。"他们"想要从我们身上偷走我们的享乐并抢走我们幻想的特殊性。第二种种族主义幻想源自一种不安,即种族"他者"可以获得某种奇异的享乐。"他们"不像"我们"一样做事。他们"享受"自己的方式是怪异而陌生的。那么,这两种幻想的基础都是,"他者"以一种不同于"我们"的方式来享乐:

> 简言之,"他者"真正令我们坐立不安的,真正使我们心烦意乱的,是他组织自己快感的奇特方式,这包括他的食物的味道,他的"聒噪"的歌曲和舞蹈,他奇异的举止,他对待工作的态度。从种族主义的视角看,"他者"既是偷走我

> 们职业的工作狂，又是靠我们的劳动养活的大懒汉。[1]
>
> (*LA*：165)

换言之，种族张力是由一种幻想的冲突引发的，只要我们在这方面把幻想理解为一种组织享乐的方式。他们的幻想的特殊性和我们的幻想的特殊性发生了冲突。所以，例如，一群美国的种族主义者因为日本人看上去享受工作并且在工作中享受的方式而感到"心烦意乱"。按美国人的惯例来看，日本人不知道如何把工作和游戏分开——他们和享乐的关系某种程度上是被扰乱的或"不正常"的。所以，他们是对美国人生活方式的一个"威 106
胁"。

对齐泽克而言，这样的"威胁"，或至少是对一种威胁的感知，正在不断地增长。过去的数十年已经见证了种族张力和民族主义的一种引人注意的兴起。齐泽克追随拉康和马克思的说法，把这样的兴起归因于全球化的进程。"全球化"是指资本主义扩散到全世界的方式，它以跨国贸易的名义取代了一切本国的公司。这个进程的后果并不必然只是商业的，因为这里岌岌可危的是支撑本土工业或由本土工业所支撑的民族文化和政治团体。例如，当麦当劳这样的跨国贸易在孟买开张的时候，它不只是另一种商业，而是代表了美国的一种食物、文化，以及最终地，社会组织的特殊方式。资本主义越是扩张，它就越是消解民族领域的效力，以普遍价值的名义驱除本土的传统和价值。

抵消这种不断增长的同质性，坚持特殊性，反对全球性的唯一方式，就是以最大的韧性紧紧地抓住你的特殊的种族幻想，抓

1　引自齐泽克.斜目而视：透过通俗文化看拉康[M].季广茂，译.杭州：浙江大学出版社，2011：284.——译者注

住那个让你成为印度人、英国人或德国人的视角。如果你忙着试图通过坚持你组织你享乐的方式来避免消融于全球化的多文化混合,那么,你将不可避免地冒着屈服于一种种族主义妄想狂的风险。即便我们试图在我们组织我们享乐的诸多方式之间建立一种平等的形式,但最终,正如齐泽克指出的,"幻想无法和平地共存"(*LA*:168)。这个问题的最普遍的例子就是所谓的包办婚姻。如果一对夫妻的享乐是围绕着一种形式性的挑选过程,受限制的约会,以及其他在包办婚姻中登峰造极的东西来组织的,就像在一些文化中那样,那么,当我们这些把这种包办视为自由、自主恋爱之对立面的人,介入并阻止这些婚姻举行的时候,我们不是把我们自己的幻想强加到了夫妻身上了吗?这是他们的"享乐权利"的一部分吗,或者,我们理应以西方价值的名义,把他们从这样一种组织其享乐的陈旧方式中解放出来?在齐泽克看来,回答就是,这里所讨论的两种幻想绝无可能达成一种妥协。

107

幻想的伦理学

那么,我们要如何继续?避免种族幻想之冲突的方式是什么?齐泽克对此的首要回答是提出一种幻想的伦理学。简单地说,它认为我们应该尽可能地试着不侵犯"他者"的幻想空间,不侵犯一个个体从中观看世界的特殊方式。这并不意味着我们爱我们的邻居是因为他或她类似于我们,或我们爱我们的邻居是因为他或她的象征命令,即便我们延伸了那样的命令以包含他或她作为一个人类的状态。换言之,我们尊重"他者"不是因为他们和我们共享的任何普遍的未来,而是因为他们不和我们共享的东西,即他们的幻想。所以,我们要尽量不像海史密斯的

《黑屋》中的年轻人一样,去证明他们认为的充满了重要意义的房子其实是一间破旧的小屋。

当然,由于各种幻想最终无法和平地共存,尤其是当这些幻想是种族幻想的时候,所以,这样的伦理只能是一种中介的解决方式。至此,齐泽克已有一种针对种族主义问题的更加实际的解决方式。种族主义的问题牵涉到齐泽克自己在斯洛文尼亚的经历。让一个革命者感到惊讶的是,齐泽克认为我们应该支持"国家"反对文明社会。齐泽克在这里说的"国家"是指政府建制,而"文明社会"则在最宽泛的意义上规定了一个民族或非政府团体。虽然齐泽克渴望一个纯粹基于文明社会之共识意志的民族,但他认为,鉴于当下存在的绝大多数文明社会的种族主义幻想,这样的民族是不可能的。如果他在斯洛文尼亚(他认为那里的文明社会基本上是右翼的)发现了这点,那么,他还在,例如,美国看到了它:

> 在美国,在奥克拉荷马大爆炸之后,他们突然发现,那里有成千上万的蠢蛋。文明社会不是这种优雅的社会运动,而是一个由道德多数派的保守主义者和民粹主义压力集团(他们反对堕胎,支持学校里的宗教教育)组成的网络。一种来自底层的真实(real)压力。
>
> (Lovink 1995)

齐泽克认为,国家可以充当不同群体的各种幻想之间的缓冲带,缓和这些幻想的最糟糕的后果。如果文明社会得以无拘无束地 108
统治,那么,世界的绝大部分将屈服于种族主义的暴力。只有国家的力量能够抑制住它。

从长远来看,齐泽克认为,为了避免一种幻想的冲突,我们不得不学会“穿越幻想”。齐泽克的意思是,我们不得不承认,幻想仅仅充当了我们之前注意到的他者之深渊或不一致性的一个屏障。那么,在“穿越”或“穿过”幻想的过程中,“我们不得不做的一切”,根据齐泽克的说法,“就是体验幻想‘背后’如何空空如也,以及幻想如何掩盖了这样的‘空空如也’”(*SOI*:126)。但这如何适用于种族主义?

种族主义的主体,不管它是犹太人、土耳其人、阿尔及利亚人,或别的什么人,它都是一个幻想的形象,是某个化身为他者之空隙的人。一切种族主义的潜在论证都是说“要是他们不在这里,生活会变得美好,社会会再次和谐”。但正如齐泽克指出的,这样的论证忽视了一个事实,即因为种族主义的主体只是一个幻想的形象,所以,它在那里的目的只是为了让我们认为,这样一个和谐的社会首先是实际地可能的。其实,根据齐泽克的说法,社会总已经是分裂了的。幻想中的种族主义的形象只是一种掩盖的手段,掩盖了这样的事实,即一个整全的社会或一个自身完整的有机的象征秩序是不可能的:

> 作为社会与其自身之完全同一的阻碍而出现的东西其实是这种同一的肯定性条件:通过把一个异物的角色转移到犹太人身上,认定它把瓦解和对抗引入了社会机体,社会作为一致、和谐之整体的幻想形象才得以可能。
>
> (*EYS*:90)

换言之,如果犹太人作为(或“在其地位或角色中作为一个”)幻想的形象,并不在那里,那么,我们不得不把它发明出来,以维持这样的幻觉,即我们能够拥有一个完美的社会。因为幻想的种族主义的形象所做的一切都是让一个和谐或完整社会的现存的不可能性具体化。

如果,正如齐泽克所表明的,我们要学会穿越幻想,那么,我
们将开始认识到,人们归于种族主义的幻想形象的种种特征
“无”非是我们自身之体系的产物。与其说“要是他们不在这
里,生活会变得美好,社会会再次和谐”,我们不如说“不管他们 109
在不在这里,社会总已经是分裂了的”。通过以此方式穿越幻
想,我们会接受,种族主义的形象是一个真相的化身,即我们的
社会无法将自身建构为完整的。所以,“当(我们)发现束缚(我
们)的僵局也是束缚他者的僵局时”,齐泽克告诫我们不要诋毁
其他的文化,而是在“一场共同斗争的团结”中聚集起来(*TTS*:
220)。这场“共同的斗争”会造就一个什么样的社会,齐泽克和
其他所有人一样不能肯定,但他依旧充满希望。

小 结

对齐泽克而言，种族主义是幻想之冲突的产物，而非争夺主导权的符号之冲突的产物。幻想有几个突出的特点：

1. 幻想是为了抵制他者之欲望而产生的，他者的欲望体现为“汝所何欲?”，即关于不一致的他者到底想从我们身上得到什么的问题。

2. 幻想提供了一个我们藉以观看现实的框架。它们是畸像，因为它们假定了一种视角，否认我们对世界作出一种客观的解释。

3. 幻想是一种关于我们的独一无二的东西。它们让我们成为个体，并允许一种针对现实的主观视角。因此，我们的幻想对他人的侵入极端地敏感。

4. 幻想是我们藉以组织并培养我们之享乐的方式。

有两种基本的种族主义幻想：

1. 种族“他者”可以获得一种古怪或特殊的享乐。

2. 种族“他者”试图偷走我们的享乐。

在每一个情形里，关键都是一种维持种族主义者幻想之特殊性的尝试，即面对着一种威胁着要让那种特殊性陷入普遍性的全球化，试图维持他或她的组织其享乐的方式。由于
110 幻想对理性的论证免疫，齐泽克认为，我们只能从三条战线上展开与种族主义的战斗。首先，我们必须在任何可能的地方都试着不闯入其他个体的幻想空间。其次，齐泽克认为，我们继续把国家当作一个抵制文明社会之幻想的缓冲带。最后，他提出穿越或穿过幻想的实践，以表明，在幻想的另一边，那里空空如也。

齐泽克之后

雅克的诅咒：齐泽克影响的局限

对英语世界的批判理论而言，齐泽克是一个相对的新来者。虽然他已经完成了大量的著作（25 本书并且数目还在增长），但绝大部分是在十年内出版的。由于学术界习惯以一种比齐泽克更为悠闲的步子前行，所以，它来不及赶上一位批评家描述的“我们时代最杰出的人物之一”（*TARS*：viii）的令人惊叹的产出。的确，齐泽克引人注目的一点是，他已经在这么短的时间内产生了相当大的影响。而让人印象更为深刻的是就这种影响而言本质性的东西，即齐泽克作品的一个无疑阻碍了其吸引力的特点：他的拉康主义。

齐泽克敏锐的洞察力极大地依赖于拉康的范式及其同黑格尔和马克思的通感。不幸的是，如果在一个后结构主义一统天下的时代，作为一名黑格尔和马克思的信徒还不够难堪的话，那么，他对拉康的拥护就或多或少直接地令人尴尬了。这看似一个古怪的论断，但齐泽克的拉康主义立场的困难源于两点。首先，根据齐泽克的说法，理论的领域是围绕着对拉康的排斥而被建构的——拉康是把原本不相干的理论家群体聚到一起的剩
112 余。解构主义者不喜欢他，福柯的追随者不喜欢他，女权主义者也不喜欢他——没有人喜欢他，虽然所有这些理论群体之间存在着许多内在的差异，但他们在不喜欢拉康这一点上没有异议。所以，一个像齐泽克一样自我宣称的拉康主义者的一生只能是艰难的一生，正如他指出的：

> 我们不要忘了，学术界本身就是一个“意识形态国家机器”，并且，所有这些的路向都不只是理论的路向，人们争论的是成千上万的岗位、部门政治，等等。拉康主义者从中被排挤了出去。也就是说，我们不是一个领域。你知道，德里达有他自己的帝国，哈贝马斯主义者也有他们自己的帝国——几十个部门，全都联系着——但拉康派就不是这样。或许这里有一个人，那里有一个人，往往是在边缘的位置上。
>
> (Hanlon 2001：12-13)

众所周知，德里达和拉康在1970年代曾有不和，此后，他们的追随者之间就一直存在着某种程度的紧张。由于德里达主义者、哈贝马斯主义者及其他的团体倾向于在以理论为路向的部门中独揽大权，所以，在齐泽克眼里，拉康主义者已经被边缘化了。虽然一些人会认为，齐泽克在这点上是错误的，即他在职业生涯初期由于其对拉康理论的运用而遭遇的挫折，或许已经让他在这方面产生了一种过分的政治敏感。

其次，相关的一点是，齐泽克反复援引的拉康的著作，不仅本身极端地艰涩，而且难以把握。拉康著作的出版历史陷入了争论的泥潭，但其中的绝大部分只有以拉康的女婿为核心的拉康派精英才能够获得。通常能看到的部分仅仅证实了拉康的一些早期理论，也就是齐泽克在他的作品中从头到尾批判的理论。所以，事实上，齐泽克本人为英语世界的绝大部分人充当了拉康的一个替代者。因此，齐泽克对拉康的阐释，在很大程度上，对其大多数读者而言，就是拉康的理论本身。如果拉康是学界理论的症候(sinthome)的话，那么，“齐泽克”就是我们对这个症候的称呼。

齐泽克始终能够从这个看似艰巨的立场上获得的一大优势就是，他可以确立他自己的关于拉康的版本。你在这本书中读
到的拉康，有很大一部分是齐泽克自己的拉康。在齐泽克之前， 113
拉康的精神分析所启发的绝大多数作品描写的是想象界，还有一些是象征界。但在齐泽克之后，我们的注意力已被调向了这两个秩序同实在界之间的相互作用。这是至关重要的，因为它根本地改变了主体的状态。主体不再是一个任凭能指所摆布的后结构主义的陈词滥调，在一种亚德里达式(sub-Derridean)的旋转木马上自主地忽上忽下。我们也不必回归一个完全形而上学的主体，它忙着统治一个顺从的世界，同时对那个世界施加的力量保持免疫。实在界和象征界、想象界之间的相互作用毋宁允许一个主体既在语言之中，又在语言之外，被建构起来，因此，这个主体既受象征界的束缚，又独立于象征界。齐泽克已把某种程度的微妙还给了我们的主体观念：我们既在意识形态之中，又在意识形态之外，我们注定是有性别的，但我们能够改变它，我们被固定在我们的种族幻想当中，但我们能够穿越幻想。我

们,可以说,是体系的一部分,同时又多于它。

齐泽克对实在界的理解同他对黑格尔的独创性解读密不可分地联系着。再一次,你在这本书中读到的黑格尔有很大一部分是齐泽克的黑格尔——(如果你对此怀有任何的疑虑,读一读齐泽克近来同拉克劳和巴特勒合著的《偶然性,霸权,普遍性》,其中有一部分讨论了黑格尔的遗产)。对绝大多数批评家而言,黑格尔是辩证综合的哲学家,是集权主义逻辑的一个主要的形而上学家,他更看重整体而非构成整体的部分。因此,在这样一个时代,当我们重视特殊性,谴责——就像人们常说的——以忽视特殊性的优点为代价,来实现普遍性的可能时,黑格尔就显得相当过时了。虽然齐泽克痛恨在理论上把总体性(关于整体的观念)和集权主义(整体的全面统治)混淆起来的做法(这种做法往往支持上述的论断),但他的黑格尔远要比人们惯常描述的黑格尔更为精妙。

齐泽克特别地发展了黑格尔的"具体的普遍性"的观念。这个观念可以被本质地概括为我在第5章提到的一句话:"属概念总是其自身的一个种概念。"齐泽克的意思是说,一个特殊立
114 场上的论断必然地推出一个普遍立场上的论断。例如,如果我们考虑宗教,我们通常不禁要说的是,存在着一个关于宗教的普遍概念或属概念,并且,在它内部又有关于宗教的特殊种类或类别,诸如基督教、犹太教、伊斯兰教,等等。然而,齐泽克认为,每一个宗教类别都假定了一种把宗教作为一个属概念或普遍概念的一般定义:

> 基督教不仅仅与犹太教和伊斯兰教不同,在它的范围内,把它从后两种"经书的宗教"中分离出来的真正差别以

> 一种后两种宗教所不能接受的方式出现。换句话说,当一个基督徒和一个穆斯林争论时,他们并不仅仅是意见不一致——而且他们还不同意这种不一致:不同意是什么造成了他们宗教之间的差别。[1]
>
> (*CHU*:315)

齐泽克对政治左派和右派之间的差异表达了类似的观点。他们不仅在这个或那个特殊的观点上不一致,而且在整个的政治领域上也不一致。这就是为什么,他认为,像布莱尔或克林顿这样的政治左派提出的“中间立场”或“第三条道路”的观念其实敲响了政治的丧钟。“第三条道路”是左派对右派的第一原则的接受,即对资本主义之必要性的接受。它不是协调左右派的中立的政治形式;对齐泽克而言,它就是一种右翼的政治。

通过黑格尔的具体的普遍性的观念来阅读政治,意味着每一个特殊的立场都假定了其自身的普遍的政治形式,因此,这些立场之间无法存在一条进行裁决的公正的中间道路。同样,在哲学的层面上,齐泽克的黑格尔,不像其批评者所表明的那样,是一种集权主义逻辑的拥护者。因为对齐泽克的黑格尔而言,整体性总已经在自身内部分裂或断开了。每一种特殊性或整体的每一个部分都重新装配了普遍性,改变了整体性的特点:

> 真正意义上的黑格尔的普遍性概念的悖论是,普遍性不是诸多特殊内容的中立的框架,而是内在地分裂的,撕裂了其特殊的内容:普遍性总是在某些特殊内容的伪装下肯

1 引自巴特勒,拉克劳,齐泽克. 偶然性、霸权和普遍性:关于左派的当代对话[M]. 胡大平,译. 南京:江苏人民出版社,2004:338-339. ——译者注

> 定自己,这些内容声称要把所有其他特殊的内容排除在外,直接体现普遍性。[1]
>
> (*TTS*:101)

115 所以,整体性从来都有剩余。总有一个“显眼”的元素;一种决定了普遍性同时又属于普遍性的特殊性。因此,在宗教的例子里,如果你是一个基督徒,那么,基督教就是一个显眼的元素,如果你是一个穆斯林,那么,伊斯兰教就是一个在整体当中显眼的元素。

对黑格尔的这种在许多批评家看来和黑格尔毫无关系的解读,是齐泽克作为一个思想者的伟大成就之一。正如之前指出的,它是以一种矛盾修辞的思想风格为中心的。这种思想风格被齐泽克运用于其他所有的重要问题。在这方面最值得注意的是主体本身的问题:齐泽克认为,主体只有当它异于自身的时候才建构了自身。主体的真相总是在自身之外的客体当中。它是普遍性当中显眼的元素。带着这样的观点,齐泽克根本地改变了数个世纪以来主客体相对立的观念。由此,他为今天的批判性思想所面临的一些最紧迫的难题的解决,作出了重大贡献。

例如,近些年讨论最激烈的一个问题是,我们是否陷入了当下,从而无法知道过去,因为我们能做的一切只是根据我们自己的价值对过去进行重新解释。但根据齐泽克对黑格尔的解读来审视这个问题,我们可以看到,把过去完全地主观化其实是不可能的,因为我们自身的主体性恰恰是不完整的。我们的主体性是基于一种同客观世界的关系,也就是说,它无法“压倒”客体或把客体完全地主体化。同样,那些认为主体受制于客观的历

---

1 引自齐泽克:敏感的主体:政治本体论的缺席中心[M].孙晓坤,译.南京:江苏人民出版社,2006:115.有改动。——译者注

史力量,即认为客体"压倒"了主体的人,忽视了同样的关系也以另一种方式来运作的事实。客体作为一个客体的状态依赖于一个把它本身区别出来的主体的存在。也就是说,过去的客体依赖于主体的身份,正如主体依赖于过去客体的身份。过去的客体闯入了当下的主体,正如当下的主体压倒了过去的客体。换言之,不存在纯粹的主体性,正如不存在纯粹的客体性。

这样的途径,对我而言,同德里达对历史的书写有许多的汇合之处。的确,德里达的全部作品可以被描述为一种关于时间自身之非同一性的评论。对德里达而言,主体的经验从来不是
和它自身同步的;它总是自我划分或分裂的。这在他的语言理 116
论中再明显不过——和拉康一样,德里达的语言理论是以索绪尔的著作为基础的。德里达认为,意义,或一个所指的意谓,总是延宕的。若不通过对另一个所指的指涉,我们从来不能知道一个所指的意义。所以,我们会说,一个所指的整体,总是有剩余——另一个所指的剩余。通过这种方式,没有一个所指可以找到它和它自身的同一性,因为一个所指从来不是一个完整的实体。在原初所指的整体中总有另一个"显眼"的所指,并把意义无限地赋予原初的所指。

如果德里达的作品可以被描述为一种对时间同自身之非同一性的广泛分析,那么,我们同样可以把齐泽克的全部作品描述为一种关于自身同一性之缺失的评论。他们处理的都是一种平衡的缺失,是整体的一种构成性的"脱节"。对他们两人而言,整体中总存在着一个玷污整体之完整性的"显眼"的元素。但在其绝大多数的批评中,或许是为了同其哲学的特性描述保持一致,齐泽克否认德里达的解构和拉康的精神分析之间存在任何和解的可能,他宣称"对它们进行调解的一切尝试均以失败

告终”(Hanlon 2001:13)。但在他对两个思想流派的更加乐观的分析里,他又宣称如果“我们把主要分歧放在一边并且在细节上抓住他们之间关系的问题式本质——同样地适合于弗洛伊德主义者,那么,一系列意外的联系就打开了”[1](*TMOE*:193)。一些批评家,最引人注目的是拉克劳,就同意这后一个论断。拉克劳试图把德里达的解构和一种由齐泽克所激发的拉康的精神分析放到社会的政治(“后马克思主义”)分析框架内部的一种富有生产性的张力当中。这种合作的令人着迷的结果充满希望地预示了一个时代,那时,理论共同体将不再被“雅克”的名字划分,而齐泽克的作品将因此能够得到一种比现在更为广泛的支持。

左派

如果齐泽克对黑格尔的解读已经改变了我们对辩证法,对部分与整体相互作用之方式的理解,那么,这就完成了齐泽克的
117 宏大计划的一部分,即对德国唯心主义辩证法的整个传统的再现实化。齐泽克已经帮助把康德和通常被人忽略的谢林带回到批判理论的前沿。某种程度上,这和近年来批判理论重新审视自身之根基的趋势是一致的,既是为了指定承继的路线,也是为了在其遗产中发现各种不同路向之间的关联。齐泽克在这方面最引人注目的贡献是确立了唯心主义为唯物主义和马克思理论奠定基础的方式。的确,他已经在基督教(它似乎是唯心主义的一个伟大的化身)中发现了马克思主义政治革命的一个模式。而这——政治革命的希望——就是齐泽克的观念最终总让

---

1 引自齐泽克:快感大转移:妇女和因果性六论[M].胡大平,等,译.南京:江苏人民出版社,2004:251.——译者注

自身朝向的地方。虽然他明显是因观念自身的缘故而感到喜悦,但总有一个贯穿其游戏的目的——马克思主义。

虽然两个学科的生命相对短暂,但精神分析和马克思主义之间的合作有一段悠久的传统。这个传统可追溯至20世纪20年代晚期,当时奥地利裔的美国精神分析家和“破云器”(cloud-buster)的发明者威廉·赖希(Wilhelm Reich,1897—1957)就对弗洛伊德和马克思进行了一种拙劣的综合,以便分析政治行为,并且它在1960年代德裔美国哲学家和社会活动家马尔库塞(1898—1979)的如今被忽视的作品中达到了其流行的顶点。然而,齐泽克对马克思和拉康的融合,连同弗雷德里克·詹姆逊的作品,代表了这两种理论迄今为止最精致的焊接。虽然对詹姆逊而言,马克思主义和精神分析在之前的融合“如今已经过时了”(Jameson 1988a:80),但齐泽克对原有教条的贡献似乎更能够经受检验,因为它严肃地对待两门学科而不是把其中的任何一个当作一种“附加的零件”来使用。

齐泽克还发展了我们对马克思主义和精神分析之间的方法论相似性的理解。正如齐泽克认为的,两种学科根本上都是构想这样一种理论的尝试,它能够帮助我们改变物质的世界:马克思主义旨在改善社会,而精神分析旨在改善病人。换言之,正如齐泽克指出的,两种学科都不只是关于其各自对象(社会和无意识)的理论,就像物理学是关于其对象的研究一样;马克思主义和精神分析毋宁都试图改变其研究的对象。总有一种强调两门学科之重要性的实践的意图,而齐泽克对帮助病人没有特别 118
的兴趣,他比其他理论家更多地挖掘了政治的拉康并让其观念服务于一种革命政治。

在这方面,齐泽克对马克思主义的最显著的贡献是为它提供了一种充分的主体模式并把那种模式与传统的马克思主义观念,如意识形态、历史和整体性联系起来。齐泽克对拉康的精神分析的阅读在这里是特别有价值的,因为精神分析其实不是一种处理人们内心思想和感受的意义上的心理学,而是这样一种理论,它认为无意识总是外在的,是物质化为仪式和实践的。换言之,齐泽克的精神分析开始和马克思主义相一致,把社会确认为分析的最有效的领域,因为它介于政治和个体之间。

齐泽克还用黑格尔的哲学来复兴当代马克思主义。起初,这听起来像是一种退步,因为众所周知,马克思"站在黑格尔的肩膀上",用他自己的唯物主义理论取代了黑格尔的唯心主义。然而,齐泽克对黑格尔的使用是为了同如今受到绝大多数左翼理论家喜爱的法国社会学家米歇尔·福柯(1926—1984)提出的政治观念作比照。根据齐泽克的说法,福柯认为国家权力是一个限制机构,它控制着谁应该被社会包含而谁又应该被社会排斥。在这样的模式中,国家权力是从社会的中心实施的。另一方面,对这种权力的抵抗是由那些缺乏一种固有的象征身份的人从社会的边缘发起的。争取权力的斗争就这样被视为一场包含了抵抗一个中心化国家权力的边缘行动者的战斗。但这里讽刺的是,福柯认为所有这样的边缘抵抗其实是由权力中心自身生成的并因此已被提前征用了。

在齐泽克看来,这样一种政治模式忘了,国家权力本身就是分裂的。齐泽克认为,国家机器根本不是普遍的或同质的实体,而是"由其阴暗的复像所补充的,即由一个被公开否认的仪式、不成文的法规、建制、实践等构成的网络所补充的"(*CHU*:313)。换言之,被国家权力"官方地"边缘化了的东西已经是国家权力的组成,它在政治的阴暗底部支撑着国家权力。齐泽克在电影《义海雄风》(*A Few Good Men*)中找到了一个关于这点的例子。影片讲述了对两个美国大兵的审判,他们被指控谋杀了手下的一个士兵。审判的核心问题是所谓的"红色条规"(Code 119
Red)是否存在。"红色条规"本质上是一种得到了批准的僭越行为,其中,一个上级军官可以对一个士兵进行非法的惩处而不会背上打破团体"伦理"惯例的罪名。齐泽克发现,这个"红色条规"的有趣之处在于,它必须保持不被承认的状态。它无法官方地存在,因为它违背了成文的法律,但同时,对这个不成文法则的服从又是维系士兵共同体之关系的最为肯定的方式。

在齐泽克看来,这就是一切权力结构的象征。一方面,存在着公开的成文法律,象征界的规则,另一方面则是他所谓的超我的淫荡的律法,不成文的法规,而这种法规,通过其僭越的特点,用享乐支撑起律法的意义:

> 这样一个法规必须在夜幕遮掩下保持,是不被承认的、无法形容的——在公开的场合,每一个人假装对此一无所知,或者甚至积极地否认它的存在。它代表着最纯粹的"共同体的精神",它竭尽最强大的压力迫使个体顺从于群体认同的命令。然而,同时,它又违背了共同体生活的显在的规则。[1]
>
> (*TMOE*:54)

对齐泽克而言,这种对权力的分析,就它把普遍性当中的例外定义为普遍性的关键而言,是黑格尔式的分析。在这个例子里,僭

---

1 引自齐泽克:快感大转移:妇女和因果性六论[M].胡大平,等,译.南京:江苏人民出版社,2004:67.有改动。——译者注

越的行为恰恰支撑了它所僭越的律法。和福柯的权力模式(权力是一个把抵抗包含在其内部的同质的整体)不同,齐泽克的受黑格尔启发的权力整体观念认为,权力总是被一种它无法完全控制的过度所扰乱。如果是这样,那么,被边缘化的群体应该如何应对权力的不公正实施呢?

我们的解决途径是让社会公开地照顾被边缘化的群体。绝大多数西方国家如今尝试通过对种族、性别及其他特殊群体的立法来实现这点。然而,正如齐泽克所表明的,这样的一种路径不可避免地导致那些它试图照顾者的沮丧,因为他们恰恰由此成为了特殊群体。对一个确切的困境实施的立法的特殊性阻碍
120 了其实施的错误被提升为一种普遍抱怨的可能。立法的主体就此发觉自己对象征界整体的通达被否认了。在齐泽克看来,取代之前这一方式的做法,就是利用成文法规和维持它的不成文法规之间的权力机器的裂缝。在这个意义上,齐泽克发现,最具颠覆性的策略其实是完全地服从成文的法规。通过严格地遵守律法,纵情于超我的不成文规则,纵情于那些像红色条规一样代表共同体之真正精神并因此支撑象征界权力的行为,就不可能了。为了例证这样的一种路径,齐泽克提到了捷克作家雅洛斯拉夫·哈谢克(Jaroslav Hašek,1883—1923)的作品,尤其是他的《好兵帅克》(*The Good Soldier Schweik*):“小说的主人公通过用一种过度热情的和太过字面的方式来简单地执行其上司的命令,就制造了彻底的破坏”(*TPOF*:22)。

普遍批评

考虑到齐泽克已经出版的作品的绝对数量,以及他所讨论的话题的范围,其观念遭受一定程度的批判或许并不令人惊讶。

稍微更值得注意的一点是，这种批评绝大部分来自政治左派，或者说是一种公开承认的马克思主义的天然的支持者。然而，正如我已经提到的，马克思主义传统的继承人不是一个同质的群体，而毋宁是被一些根本的话题，如意识形态的运作方式，马克思作品作为一个整体的价值，所撕裂开的。齐泽克对政治哲学的独一的、充实的解释涵盖了其中的许多话题，而他也因此吸引了众多的批评者。

哲学家彼特·杜斯（Peter Dews）就是这样的一位批评者。在他对齐泽克作品的一篇最为深思熟虑的批评中，杜斯系统地拆解了齐泽克理论的两大支柱：黑格尔和拉康。他认为，齐泽克的作品既不是真正地黑格尔的，也不是真正地拉康的，并且，在对他们两人的误读中，齐泽克抵达了一种仅仅伪装成左翼政治的右翼政治。杜斯宣称，这种混乱的后果可以在齐泽克对现代主体性的分析和齐泽克自己的生活中看到：

> 他认为现代个体陷入了他或她作为公民社会之一员的
> 普遍状态，和种族、国家、传统的特殊依恋之间的二分当中，
> 而这样的二元性在他（齐泽克）自己暧昧的政治形象中得 121
> 到了反照——在国际舞台上是一位马克思主义的文化批评
> 家，而回到家里，则成了一位新自由主义、具有民族主义倾
> 向的执政党的一员。
>
> （Dews 1995：252）

对传统的马克思主义者而言，“民族主义”一词是一个诅咒，因为它在广义上规定了“右翼”。然而，正如我在本书的第1章提到的，齐泽克对斯洛文尼亚的非马克思主义自由政党的支持其

实承担着这样的一种欲望,即通过可能最方便的手段——在这个例子里是支持自由民主党——来阻止民族主义者掌权。所以,杜斯在此的指责多少是被误导了的。正如齐泽克评论的,"在斯洛文尼亚,民族主义者容不得我"(Hanlon 2001:7)。

如果遭到某种被误解了的指责是令人不快的话,那么,遭受子虚乌有的控告就更糟糕了。不幸的是,对齐泽克而言,这已然成了其众多批评者对其作出的评价的一个特点。因为对齐泽克的最普遍的批评之一是其批评者认为的不可理解性。像特里萨·艾伯特(Teresa Ebert)和丹尼斯·吉甘特(Denise Gigante)这样的理论家就谴责齐泽克占据了他们认为的一种先验的立场,并且从中无法提出任何他自己的特殊观点。他们宣称,齐泽克的政治是无法固定下来的,正如吉甘特表明的:

> 齐泽克的独特之处,齐泽克同其他采取一种立场,采取任何假装有某种概念性内容的立场的理论家进行决裂之处,就是这样的事实,即他根本没有立场。
>
> (Gigante 1998:153)

这样的批评暗示,齐泽克是他在自己的作品中严厉谴责的那类犬儒主义者。或者直率地说,虽然齐泽克知道关于他的一切,知道世界处于糟糕的状态,但他仍然无法提出一种改变世界的方式。理论家肖恩·霍默(Sean Homer)在这点上是一个典型,他认为:

> 齐泽克的作品……绝大部分停留在他自己所批评的意识形态批评的范式内部,因为他揭示了像种族主义、民族主义和反犹主义这样的意识形态。他的作品从未真正地迈向

> 第二个时刻,经由那个时刻,一种对什么样的意识形态回归了我们的思考会促进一种关于对立的意识形态和政治空间本身的构想。我总是不清楚,例如,齐泽克到底在主张什么。
>
> (Homer 1995)

一方面,考虑到齐泽克自认的马克思主义,以及他在斯洛文尼亚 122
的政治立场招致的个人困难(正如他指出的,其政治立场让他失去了绝大多数的朋友,毁掉了他在那里的知识分子形象,并使得他在国外被人错误地中伤为一个民族主义者),这样的论断看上去古怪甚至让人难堪。另一方面,我们或许可以把霍默的观点理解为他对齐泽克所坚持的"行动"(作为改变世界的唯一真正的方式)的一种过激的回应。由于一个行动改变了我们理解的视域,所以,按定义,齐泽克很难详细地说明,一个行动到来之后的世界会是什么样的。因此,他更关注的是维持一个行动之存在的可能性,而不是表达不可能表达的东西。正如他指出的,"政治空间如今被结构的方式越来越多地阻止行动的出现"(Hanlon 2001:11)。所以,齐泽克把他的精力集中到这一点上,即通过对资本主义下的生命视域进行不断的理论化,而为政治领域中的行动清理出一个位置。

这种不可理解性的指控,尤其是像艾伯特和霍默这样的马克思主义者作出的指控,其有趣的地方在于,它断然地否定齐泽克已经从女权主义者那里接受的批评,即他把女权主义的问题降低为一种次要的关注,排在他对资本主义批判之后。换言之,女权主义者谴责齐泽克是一个彻头彻尾的马克思主义者,他认为改变世界的社会—经济组织最终总要取代表达任何特殊群体(在这个例子里是女人)之关注的需要。这样的批评触及了过去三十年来政治左派内部的一个核心话题，也就是近来众所周知的“身份政治”的问题。简单地说，“身份政治”一词（更多的时候是被其批评者所使用的）指的是这样一种政治，它承认特殊的群体或身份拥有各自特殊的斗争，因此，任何一个群体都不应等同于或高于另一个群体。例如，女人，作为一个群体，拥有一种她们渴望在父权制社会中表达的特别的不平等，而这种不平等既不同于一个具有特殊的种族起源的民族渴望表达的不平等，也不比那种不平等更加重要。

虽然这看似一个无伤大雅的论断，但它已在传统马克思主义者的行列中引起了异议，因为它瓦解了这样的论证，即最终，或归根结底，恰恰是阶级，更确切地说，是经济组织的模式，决定了整个星球上的不平等。换言之，传统的马克思主义者会极力
123 支持不同群体争取平等的斗争，但其附加的条件是，最终只有通过改变当今资本主义的剥削状况，事情才会对每个人而言变得更好。例如，如果女权主义者发起了一场为法国妇女争取平等报酬的运动并且达到了目标，那么，对她们来说，这就是事情的全部了。但在马克思主义者看来，这仅仅意味着，在世界别的某个地方，法国妇女报酬增长的代价不得不由资本主义体系通过雇佣更廉价的童工来抵消。也就是说，马克思主义者宣称要看到不平等的整体图像，他们认为，身份群体仅仅关注特殊的不公，而忽视了他们是如何相互联系的。相反，身份群体认为，马克思主义者如此地专注于关系的整体，以至于他们忽略了对特殊人群之特殊需要的表达。

当齐泽克面对这样的论证时，他的回答是双重的。首先，他认为，身份政治是一个完全的历史现象，但它忽视了其自身的可能性之条件。在女权主义的例子里，他问，为什么一个世纪前，

绝大多数人相信性别是上帝给予的,但现在他们又都相信性别是被社会地建构起来的呢?

> 并不是说从前人们就是“愚蠢的本质主义者”,并且迷信自然化的性别,然而今天他们认识到社会性别是施行地规定出来的;人们需要一种元叙事来解释这种从本质主义向偶然性认知的转变。[1]
>
> (*CHU*:106)

换言之,齐泽克并不认为身份政治的出现意味着我们已经突然发现问题的实情,例如,一个世纪前本要是人们足够聪明的话,就可以揭示出来的性别事实。齐泽克毋宁主张,身份政治的出现受制于一个特殊的历史时刻。也就是说,身份政治是一个更大的图像的一部分,而我们需要通过一种元叙事或对故事的整体化来解释它。齐泽克承认这样一种元叙事可以采取许多形式,但他选择了马克思主义的形式。

其次,齐泽克认为,虽然身份政治已经把政治的领域扩展到了新的空间,但它也因此削弱了“政治”的观念:

> 就今天多样化主体默默地假设了一个非主题化的、“自 124
> 然化的”经济关系框架这一点来说,它的后现代政治学恰恰不够政治。[2]
>
> (*CHU*:108)

---

1 引自巴特勒,拉克劳,齐泽克. 偶然性、霸权和普遍性:关于左派的当代对话[M]. 胡大平,译. 南京:江苏人民出版社,2004:107. ——译者注

2 引自巴特勒,拉克劳,齐泽克. 偶然性、霸权和普遍性:关于左派的当代对话[M]. 胡大平,译. 南京:江苏人民出版社,2004:108. ——译者注

换言之,对齐泽克而言,新的身份政治的成功只能以它自身为代价。它在资本主义的参数内运作,但并不试图改变那些参数,因而错失了本应成为政治之真正目标的东西。为了例证这点,齐泽克引用了一份关于美国农场中工作的非法移民的研究,这份研究的结论是说,经济剥削是根本的不宽容的一个结果。由此,这样的研究和一般的身份政治神秘化了全世界剥削的真正原因,在齐泽克看来,全球剥削其实是资本主义的一个特征。

回溯齐泽克

至此我们将充满希望地看到,齐泽克已经涉足众多的领域。他的拉康主义造成的其影响的局限性被其理论的哲学和马克思主义元素所抵消掉了。他的作品,和他同时代的许多人的作品一样,超出了一个单一学科的边界并由此得到了一种广泛的支持。齐泽克得到的支持比绝大多数人更加地广泛,因为他的作品超越了一种单一的主要问题的限制。例如,虽然齐泽克通常在电影研究中更有影响——根据英国电影机构的前研究主管,科林·麦凯比(Colin McCabe)的说法,"齐泽克的作品可以被视为一种通过强化其理论抱负来更新电影研究的计划的典型"(*TFRT*:viii)——但他最近的著作也让他在宗教研究的学科中获得了一席之地。虽然他在英美哲学界并不总受人们的热捧,但讽刺的是,他已然成为了文化研究项目当中的一个主要问题。

这作为一个讽刺至少不是因为齐泽克对文化研究的持续否认,而主要是因为他把自己当成一位哲学家。然而,齐泽克恰恰通过援引形形色色的大众文化产品来帮助复兴哲学领域。的确,人们可以论证,齐泽克就是一个大众文化的产物。他用一种灵活的、容易辨认的风格来写作,避开了大多数当代哲学的更加啰嗦而稠密的联合性书写。其著作的出版甚至比麦当娜单曲唱片的发行还要频繁。他从一个主题切换到另一个主题，比普通的流行录像从一个摄影角度切换到另一个角度，还要简单。他是反偶像崇拜的偶像。换言之，在加拿大批评家克林特·伯纳姆(Clint Burnham)把詹姆逊描述为一个“MTV 马克思主义者”的意义上，齐泽克是一个“MTV 哲学家”： 125

> 我这一代的许多知识分子都把詹姆逊的著作，以及一般的理论……当作流行文化来阅读；我说的这一代是指那些在50年代晚期或60年代出生的人……在这样的环境下，詹姆逊、巴特勒、斯皮瓦克、巴特和沙巴·兰克斯(Shabba Ranks)、保丽·让·哈维、《深空九号》(*Deep Space Nine*)、吴宇森处在同一个层面上：一个人既是这些文化能指的“粉丝”，也是它们的“批评者”，既要自己观看或阅读“最新的”(或“经典的”或“原创的”)作品，也要在网上或会议室里争论它们。
>
> (Burnham 1995:244)

然而，我将表明，伯纳姆提到的詹姆逊和其他的理论家只是“理论瘾君子”(Burnham 1995:243)偶尔消遣的文化产品，而齐泽克的作品在很大程度上似乎直接地对准了这样的瘾君子，这只是因为他自己就是一个瘾君子。那么，我们会说，齐泽克的同时代人要比他更加年轻。他明显对下一代理论家更有吸引力，因此，他的影响有可能随他们一起扩大。

所以，齐泽克对批判理论的冲击将被回溯性地感受到。但我们也会以一种更加根本的方式“回到”他，正如他“回到”拉康,而拉康"回到"弗洛伊德。也就是说,不存在这样一个"后齐泽克"的简单时刻,使得我们可以宣称这就是齐泽克的意思,这也就是他的影响。对齐泽克而言,意义不断地倾向于修正主义。这里的问题不只是衡量对其作品的相关阐释,而是让作品被那种绝对地改变其接受视域的"行动"和"世界之夜"所改变。在这个意义上,其作品的意义、冲击和影响是创伤性的。正如父母交媾的场景只有在狼人发展出自己的性理论后才对他有意义一样,我们对齐泽克理论的理解也将回溯性地发生改变。很简单,齐泽克将已经存在。

进阶阅读书目

以下是齐泽克独著、合著、主编或合编的英语著作清单。

齐泽克独著的作品

Žižek, S. (1989) *The Sublime Object of Ideology*, London and New York: Verso.

《意识形态的崇高客体》(*The Sublime Object of Ideology*)。这是齐泽克的第一部重要的英语著作,并且,在我看来,它仍然是齐泽克最容易理解的著作之一。他把哲学、政治、精神分析和来自高级与低级文化的例子混合起来,用清楚、详细的阐释提出了他对黑格尔辩证法的理解,辩证法是支持其全部分析的基本命题,它认为矛盾是一切同一的内在条件。这部著作的核心是对齐泽克一再返回的一个理论的检查,即主体是一个空无的主体。如果你只读齐泽克的一本著作,那么,这本著作一定是它了,因为它包含了对齐泽克的几乎所有关键主题的解释。

Žižek, S. (1991) *Looking Awry: An Introduction to Jacques Lacan through Popular Culture*, Cambridge, Massachusetts and London: MIT Press.

《斜目而视:透过通俗文化看拉康》(*Looking Awry: An Introduction to Jacques Lacan through Popular Culture*)。这本书通常被称为齐泽克的最容易驾驭的一部著作,因他在整个文本中提及的诸多形形色色的大众文化案例而著称。然而,就像齐泽克
128 承认的,这本书可能应该加上一个副标题:"他不能够放在《意识形态的崇高客体》中的一切。"所以,除非你已经理解了拉康的实在界和享乐的概念(齐泽克在这里所关注的拉康作品的两个方面),否则,一些分析看上去将被不必要地省略。另一方面,如果你事先读过《意识形态的崇高客体》,那么,你就能更好地把握他对侦探小说、色情文学、民主制和希区柯克之论证的精妙之处。

Žižek, S. (1991) *For They Know Not What They Do: Enjoyment as a Political Factor*, London and New York: Verso.

《因为他们并不知道他们所做的:政治因素的享乐》(*For They Know Not What They Do: Enjoyment as a Political Factor*)。作为《意识形态的崇高客体》的一个续篇,本书检查了以第一部著作中讲述拉宾诺维奇笑话时的转变为象征的历史变化。它特别分析了紧随东欧社会主义国家的解体而重新出现的军事民族主义和种族主义。齐泽克在享乐的喷发中确定这种重新出现的原因。本书还包含了一种对"消隐的中介"的拓展的讨论。

Žižek, S. (1992) *Enjoy Your Symptom! Jacques Lacan In Hollywood and Out*. London and New York: Routledge.

《享受你的症状！好莱坞内外的拉康》(*Enjoy Your Symptom! Jacques Lacan In Hollywood and Out*)。选取了《因为他们并不知道他们所做的》中的一个主题，齐泽克在这里关注的是犬儒主义的意识形态——其作品分析的一大支柱，拜物教的“我很清楚……但仍然……”的公式。本书的结构分为五章，每章尽力解释拉康的一个根本概念：信、女人、重复、菲勒斯和父亲。在这个文本中，当齐泽克引用大众文化来阐释各个概念的时候，好莱坞再一次成为了诱饵。然而，和《斜目而视》一样，案例的熟悉性并不必然让本书成为他最好懂的著作之一。

Žižek, S. (1993) *Tarrying with the Negative: Kant, Hegel and the Critique of Ideology*, Durham: Duke University Press.

《延迟的否定：康德、黑格尔和意识形态批判》(*Tarrying with the Negative: Kant, Hegel and the Critique of Ideology*)。这可能是齐泽克对他一贯确认的作为“真正”哲学之标志的根本的否定姿态的最长篇大论的思考了。在这里，他提出，拉康是继柏拉图和康德之后第三位完成这一否定姿态的哲学家，柏拉图和康德都通过一种甚至更伟大的根本化的行动，超越了其时代的 129
相对主义态度。虽然这是本书的一个更大的图景，以及齐泽克的整体计划的一部分，但齐泽克也在此展开了其对黑格尔哲学的最持续的解释，还有对我思的剖析。正如这个纲要表明的，《延迟的否定》偶尔是一本艰涩的书，但它值得你去努力阅读。

Žižek, S. (1994) *The Metastases of Enjoyment: Six Essays on Woman and Causality*, London and New York: Verso.

《快感大转移:妇女和因果性六论》(*The Metastases of Enjoyment: Six Essays on Woman and Causality*)。这是齐泽克最值得阅读的一部著作,因为它涵盖了一系列重要的话题,从主体的成因到超我的角色,再到性关系的不可能性。在六论的每一篇文章中,齐泽克一开始都提出(并最终回答)了任何一个对拉康的精神分析感兴趣的人迟早想要知道其答案的基本问题。在这种根本追问的精神下,本书的附录包含了齐泽克的一篇自我访谈,在那里,他向自己提出了他所谓的"常识"对拉康理论以及他自己的著作感到困惑的疑问。由于一种自我调查的形式是其所有著作的一个基本程序,这篇访谈再现了本质的齐泽克,或者,用他自己的(黑格尔式的)话说,"自在的"(在自身之中)的齐泽克。

Žižek, S. (1996) *The Indivisible Remainder: An Essay on Schelling and Related Matters*, London and New York: Verso.

《除不尽的剩余:论谢林及相关问题》(*The Indivisible Remainder: An Essay on Schelling and Related Matters*)。这本书构成了齐泽克振兴德国唯心主义之声望的宏大计划的一部分,在齐泽克看来,德国唯心主义是一切哲学的根基。他在这部专著中传达的特别的希望是增强人们对谢林的《世界的时代》(*Ages of the World*)作为"唯物主义的最具潜力的著作之一"的认知,从中发现对马克思和拉康等人著作的一个预示。书的第一部分竭力解释《世界的时代》,而第二部分把拉康作为一个关键,对谢林作品的重复和黑格尔作品的重复进行了比较。正如我们可以通过这样简洁的描述而猜想到的,这本书的前两个部分进行了一种复杂而费解的阅读。而第三个部分(标题中的"相关问题”）只是相对地容易理解，但包含了对赛博空间和量子物理学的有趣讨论，它预示了齐泽克后来的一些作品。

Žižek, S. (1997) *The Plague of Fantasies*, London and New York: Verso.

《幻想的瘟疫》（*The Plague of Fantasies*）。本书是对精神分析的幻想概念的一种拓展的解释。标题中的“瘟疫”是指伪具体的图像的泛滥，齐泽克将这种伪具体的图像置于一种决定我们生活的同更大之抽象的对抗性关系当中。作为这种讨论的一 130
部分，齐泽克提出了他对赛博空间的最深思熟虑的分析，他认为，赛博空间威胁着要废除象征界的虚拟维度。鉴于幻想在齐泽克对人类境况的分析中扮演了一个关键的角色，本书的第一章——它对幻想的概念作了七点澄清——是对齐泽克作品的一个格外有价值的补充，使得本书对齐泽克的初读者而言最适合不过。作为一个额外的诱惑，本书还包含了齐泽克对德国、法国和英国的厕所设计的著名的黑格尔式的分析。

Žižek, S. (1999) *The Ticklish Subject: The Absent Centre of Political Ontology*, London and New York：Verso.

《敏感的主体：政治本体论的缺席中心》（*The Ticklish Subject: The Absent Centre of Political Ontology*）。鉴于它引发的一系列文章，本书被一些评论家誉为齐泽克迄今为止最重要的著作——当然也是他最全面的著作之一。其核心命题是，统治现代思想的我思（呈现为自身透明的思想主体）“童话”事实上是一个误称，它没有承认我思的疯狂的建构性时刻。本书由三部分构成，它对德国唯心主义、法国政治哲学和英美文化研究领域里的笛卡尔式主体性的批评者进行了批判，把当代科学和技术灾难的责难从我思那里调转过来，并将它直率地对准资本主义的大门。虽然总体的哲学论证是自在地令人愉快的，但齐泽克也发表了一系列涵盖政治、文化和社会生活之方方面面的迷人的局部性的洞察。尽管这本书有一些部分令人费解——因此，我不会把它推荐给齐泽克的初读者——但它仍然值得你耐心地阅读。

Žižek, S. (2000) *The Fragile Absolute, or Why the Christian Legacy is Worth Fighting For*, London and New York: Verso.

《易碎的绝对，或基督教遗产为何值得保卫》(*The Fragile Absolute, or Why the Christian Legacy is Worth Fighting For*)。正如齐泽克自己承认的，在一个已然看到蒙昧主义的宗教思想沉渣泛起的时代，一个马克思主义者捍卫基督教的遗产或许看似古怪。然而，这本紧凑之作的广泛涉及面的一部分尝试是要复苏基督教的颠覆性内核，即“向自己射击”(或根本否定性)的行动，这样的行动构成了齐泽克在《自由的深渊》中对谢林的分析或《我思与无意识》中对笛卡尔的分析的核心部分。齐泽克认为，一个人将自己从现存的社会现实的统治下解放出来的唯一
131 方式是扬弃让我们依附于它的幻想的增补，他为此引用了许多例子，从托妮·莫里森的《宠儿》中塞丝的杀婴行为，到《非常嫌疑犯》中凯撒·苏尔对自己家人的屠戮，一直到被钉上十字架这样一个姿态的至高瞬间。这是一本并不难懂的著作，它强调了其之前作品中有关“世界之夜”的讨论的乌托邦一面。

Žižek, S. (2000) *The Art of the Ridiculous Sublime: On David Lynch's*

Lost Highway, Seattle: Walter Chapin Simpson Center for the Humanities.

《荒谬崇高的艺术:论大卫·林奇的〈妖夜慌踪〉》(*The Art of the Ridiculous Sublime*: *On David Lynch's* Lost Highway)。以先前的《快感大转移》及其他地方的一些分析为基础,借用《易碎的绝对》的某些材料,这本小书/论文是对大卫·林奇的《妖夜慌踪》的一个审视。在众多令人心满意足的琐碎讨论中,齐泽克的核心意图是说,大卫·林奇的《妖夜慌踪》其实充当了经典的黑色电影的蛇蝎美人和后现代的黑色电影的蛇蝎美人之间对立的一种元评论的形式。

Žižek, S. (2000) *Enjoy Your Symptom! Jacques Lacan In Hollywood and Out*, 2nd edition, London and New York: Routledge.

《享受你的症状!好莱坞内外的拉康(第2版)》(*Enjoy Your Symptom! Jacques Lacan In Hollywood and Out*, 2nd edition)。它和第一版完全一样,除了关于现实概念的补充的一章。以《黑客帝国》(*The Matrix*)为例,齐泽克考察了象征界和实在界之间的关系并解释了为什么大他者并不存在。

Žižek, S. (2000) *The Spectre is Still Roaming Around*, Zagreb: Arkzin.

《幽灵仍在徘徊》(*The Spectre is Still Roaming Around*)。作为马克思的《共产党宣言》一百五十年纪念版的导言,这本小书/论文如今被单独地出售。这里的绝大多数材料是对《敏感的主体》的最后一章中的观念的一种概述;然而,齐泽克是围绕着他关于《共产党宣言》如今之于我们的价值的思考来组建的。

他认为,不考虑其革命的不足,《共产党宣言》对资本的毁灭性后果的分析比它们原本被写下的时候,更适用于晚期资本主义的世界——在晚期资本主义的世界里,一种统一的全球市场的野蛮强加威胁到了所有本土的种族传统,包括民族国家的一切形式。

Žižek, S. (2000) *NATO as the Left Hand of God*, Zagreb: Arkzin.

《北约作为上帝的左手》(*NATO as the Left Hand of God*)。和《幽灵仍在徘徊》一样,这是一本原先以限量版出售的小书/论文。它关注的是齐泽克对北约轰炸前南斯拉夫的批判。根据齐泽克的说法,这个行动生动地展示了新世界秩序和反对该秩
132 序的新种族主义的民族主义者之间的虚假选择。另一方面,对齐泽克而言,它们是同一枚硬币的两面:以北约为多民族资本主义的军事力量的新世界秩序本身就滋生着它所反对的怪物,例如斯洛博丹·米洛舍维奇。

Žižek, S. (2001) *Did Somebody Say Totalitarianism? Five Essays in the (Mis) Use of a Notion*, London and New York: Verso.

《有人说过集权主义吗?》(*Did Somebody Say Totalitarianism? Five Essays in the (Mis) Use of a Notion*)。这本应时的、好斗的书认为,集权主义是一个已被自由民主共识用来责难政治左派之批评(政治左派用政治右派暴行来批评那样的共识),从而使有效的政治思想变得无效的意识形态观念。齐泽克在这里检查了集权主义的五个方面并得出结论,这一观念的问题是让这样一个规定首先不可能的东西,即自由民主的共识(他几乎把所有人都包括了进去,并诅咒他们是一群"尊奉的混蛋")。和他近

来的许多书一样，这部专著在内容上是明显政治的，结尾实则重复了“以一种或另一种方式”增长了的社会化。

Žižek, S. (2001) *The Fright of Real Tears: Krzysztof Kieślowski between Theory and Post-theory*, London and Bloomington: British Film Institute and Indiana University Press.

《真实泪水的恐惧：理论与后理论之间的基耶斯洛夫斯基》(*The Fright of Real Tears: Krzysztof Kieślowski between Theory and Post-theory*)。本书是对电影研究领域的一场围绕理论（一切和结构主义与后结构主义宽泛地联系起来的东西）和后理论（一切和对结构主义和后结构主义的厌恶宽泛地联系起来的东西）的持续争论的介入。对后理论之反感的主要原因是某些拉康的概念在电影研究领域的统治。在这里，通过对基耶斯洛夫斯基电影的一种解读，齐泽克认为，当人们逐个地使用这些拉康的概念时，他们既没有充分地考虑其哲学的矩阵，也没有考虑其蕴意。在这本书里，齐泽克是最强健、最有方法的，因为他揭示了后理论的哀伤结论，同时，他也是最耐心的，因为他解释了拉康之洞见的运作和价值。

Žižek, S. (2001) *On Belief*, London and New York: Routledge.

《论信仰》(*On Belief*)。在这里，齐泽克带着一种他所描述的“自我批判”的心情，回到了《易碎的绝对》的领域。虽然它被
宣传为一种对信仰的分析，但这本书的主要目标再一次是对一 133
种伦理行动的政治学的召唤，这样的政治学拒斥实用主义的遵奉者并重复圣保罗与列宁的强硬路线和顽固不化的伦理。因此，本书代表了齐泽克让我们跃向“世界之夜”的最新恳求。这

很可能是他迄今为止最好懂(也最畅销)的专著,即便没有其余的作品作为事先的铺垫,它也可以让人受益匪浅。

齐泽克合著的作品

Žižek, S. and von Schelling, F.W.J. (1975) *The Abyss of Freedom-Ages of the World*, Michigan: University of Michigan Press.

《自由的深渊:世界的时代》(*The Abyss of Freedom-Ages of the World*)。本书重复了《除不尽的剩余》第一部分的绝大多数材料,包含了齐泽克论谢林的《世界的时代》的论文和《世界的时代》第二稿的首份英译。齐泽克认为,《世界的时代》的核心是解决充足理性之谜的斗争。虽然绝大多数哲学家试图解释自由,但谢林颠倒了问题并问我们如何从一种自由状态中产生并陷入理性的罗网。齐泽克对此问题之回答的分析在多数时候是艰涩的(和谢林的看似简单的散文一样),但我们无论如何可以认识到,它和齐泽克在其他专著中展开的对黑格尔和拉康的讨论是同根同源的。

Žižek, S., Butler, J. and Laclau, E. (2000) *Contingency*, *Hegemony*, *Universality*: *Contemporary Dialogues on the Left*, London and New York: Verso.

《偶然性、霸权和普遍性:关于左派的当代对话》(*Contingency*, *Hegemony*, *Universality*: *Contemporary Dialogues on the Left*)。这部充满活力的、精练的、让人极其愉悦的作品通过成文的对话,把齐泽克和他的两位最勤勉的知识分子争辩搭档——巴特勒和拉克劳——带到了一起。这场对话采取了他们各自为其他人提出的一系列问题的形式,问题之后是三人分别的论文回应。他们之间争辩的要点是主体的地位和意义。虽然对一个齐泽克主义者而言，巴特勒对拉康的持续误读有时让人恼火，但它至少迫使齐泽克把他对主体的理解尽可能清晰地表达出来。因此，这让此书成为了齐泽克思想的一个有用的导读，同时也是对当今政治左派所争论的话题的一个有价值的洞察。

Žižek, S. and Dolar, M. (2002) *Opera's Second Death*, London and 134
New York: Routledge.

《歌剧的第二次死亡》(*Opera's Second Death*)。如果希区柯克的电影是齐泽克著作中案例的最常见的来源，那么，瓦格纳的歌剧可能紧随其后。从《延迟的否定》中选取这种典型的迷恋并扩大对它的分析，齐泽克在这里用半本书的篇幅来谈论这一主题，另半本书则是多拉对莫扎特歌剧的讨论。此书有些不寻常之处在于重点的微妙改变，不是把瓦格纳的歌剧用作一种解释拉康理论的手段，齐泽克在此更倾向于用拉康的理论来解释瓦格纳的歌剧。这或许让此书相比于齐泽克的标准作品更像是一种让人释然的阅读，因为读者不再怀有这样的期待，即每一个例子都不得不承担着一种让人费解的拉康原理的分量。

齐泽克主编的作品

Žižek, S. (ed.) (1992) *Everything You Always Wanted to Know About Lacan* (*But Were Afraid to Ask Hitchcock*), London and New York: Verso.

《不敢问希区柯克的，就问拉康吧》(*Everything You Always Wanted to Know About Lacan* [*But Were Afraid to Ask Hitchcock*])。正如齐泽克的忠实读者知道的那样，齐泽克的任何一本不提及

阿尔弗雷德·希区柯克的著作都是不完整的。在这里,通常只作为对这位导演的附带之喜爱的东西被拓展成了写作一本书的激情。在此书中,齐泽克和其他的作者(包括弗雷德里克·詹姆逊和姆拉登·多拉)采取了齐泽克所描述的一种同希区柯克的移情关系,这种关系允许其电影中哪怕最小的细节也有意义。这样的"有意义"延伸为一个事实,即对齐泽克而言,希区柯克的电影描绘了和资本主义的三个主要阶段相对应的主体性的三种主要类型。此书很可能是齐泽克主编过的最好的著作(虽然超过三分之一的部分是由他自己写的),它是电影研究和精神分析的一次令人愉悦又简单易懂的混合。

Žižek, S. (ed.) (1994) *Mapping Ideology*, London and New York: Verso.

《图绘意识形态》(*Mapping Ideology*)。本书把众多关于意识形态的当代分析以及稍早时候的一些经典文本聚集到一起,还包含了齐泽克的两篇文章。其中的一篇是《意识形态的崇高客体》第一章的一个修订版本,另一篇则是原创的论文。这篇论文或许是齐泽克对意识形态概念的最简明、最令人信服的研究。
135 其基本命题是,意识形态充当了一个掩盖实在界和象征界之间裂隙的幽灵。本书的价值(从一个齐泽克主义者的角度看)在于,它允许读者比较齐泽克的命题和阿尔都塞的经典论文《意识形态和意识形态国家机器》——另一个利用了拉康作品的关于意识形态的重要理论。

Žižek, S. (ed.) (1998) *Cogito and the Unconscious*, Durham: Duke University Press.

《我思与无意识》(*Cogito and the Unconscious*)。本书包含了齐泽克的三篇文章,它在根本上是对我思和一般的先验主体性的捍卫。齐泽克文章的核心的命题是,主体是当我们把主体性或自我经验的财富从他所谓的“人性个体”当中减除的时候,留下的“怪物”。本书分为三部分,解释了我思在精神分析当中的作用,分析了它同身体的关系,并探索了当代对笛卡尔式主体的批判。它是一本值得阅读的著作,虽然有些地方并不好懂。

Žižek, S. (ed.) (2002) *Revolution at the Gates: Selected Writings of Lenin from 1917*, London and New York: Verso.

《一触即发的革命——列宁文选:自 1917 年起》(*Revolution at the Gates: Selected Writings of Lenin from 1917*)。在这里,齐泽克继续着他从那些通常被一再遮蔽了的人物身上发掘政治智慧之宝藏的计划,他认为,列宁展示了一种令人钦佩的能力,即抓住历史的一个开放而偶然的时刻的重要性。因此,对齐泽克而言,列宁充当了一个消隐的中介,其洞见可以在一个多民族资本主义的时代得到富有成果的振兴。那么,就齐泽克的全部作品而言,这个文本深化了他的这一决心(这在其最近的著作中愈发地明显),即要找到一种建立跨民族的政治运动和建制的方式,并使之强大得足以严格地约束资本和自由民主共识的不受限制的统治。

齐泽克合编的作品

Žižek, S. and Salecl, R. (eds) (1996) *Gaze and Voice as Love Objects*, Durham: Duke University Press.

《作为爱之客体的凝视和声音》(*Gaze and Voice as Love*

Objects)。这部迷人的文集(其作者主要是齐泽克在斯洛文尼亚的拉康学派的同谋者)包含了齐泽克的两篇文章。第一篇文章讨论了凝视和声音(诚然讲到了几乎别的一切东西)。第二篇
136 文章聚焦于瓦格纳并从拉康的基本命题"性关系不存在"出发,因为男人和女人的关系中总有一种建构性的对抗。爱情是试图掩盖这种对抗的诱惑或蜃景。由于这些是拉康的一些最难把握的观念,本书(尤其是多拉的两篇文章)为齐泽克著作中那些问题的讨论提供了一种有益的补充。

齐泽克作品的选编版本

Wright, E. and Wright, E. (eds) (1999) *The Žižek Reader*, Oxford and Massachusetts: Blackwell.

《齐泽克读本》(*The Žižek Reader*)。齐泽克的绝大部分作品,就它们各自例证了齐泽克的其他专著当中所讨论的一系列关键的理论纽结而言,是自在的读本。此书挑选了齐泽克对这些纽结的一些最清晰、简洁的表述。《齐泽克读本》严肃地对待关于齐泽克是实在(界)的哲学家的争论,聚焦于其作品在文化、女人和哲学三大领域的核心概念。齐泽克的每一篇文章(绝大部分不是选自其已有的专著)都有一个简短的解释性的摘要作为导读,而整本书不仅包含了齐泽克作品的一个概述,还包含了他自己写的一篇序言。那么,这是齐泽克作品的一个非常好的代表性的样本了。

网络资源

Takemoto, Timothy, *Official Home Page of Slavoj Žižek*, http://www. mii. kurume-u. ac. jp/ ~ leuers/zizek. htm (accessed November 2002).

这是一个“正式的”(已过期的)网页,因为它提供了一份简历,一个传记和一系列讨人喜欢的照片。这个网页也提供了其他许多直接涉及齐泽克或拉康的网址链接。

Lacanian Ink, *Žižek Bibliography*, http://www.lacan.com/bibliographyzi.htm(accessed November 2002).

这是因特网上最容易找到的齐泽克文献目录,包括其著作和文章,其中不少都带有网上复制版的链接。该网站还提供了齐泽克的一份简短的传记以及针对他的采访的链接,还有其他拉康派思想家的链接。

参考文献

本书所引用的齐泽克的作品已列于“进阶阅读书目”。

Burnham, Clint (1995) *The Jamesonian Unconscious: The Aesthetics of Marxist Theory,* Durham and London: Duke University Press.

Derrida, Jacques (1973) *Speech and Phenomena and Other Essays on Husserl's Theory of Signs* (trans. David B. Allison), Evanston: Northwestern University Press.

Descartes, René (1968) *Discourse on Method and the Meditations* (trans. F.E. Sutcliffe), London: Penguin Books.

Dews, Peter (1995) *The Limits of Disenchantment: Essays on Contemporary European Philosophy,* London and New York: Verso.

Eagleton, Terry (1997) 'Enjoy!', *London Review of Books,* 27 November.

Gigante, Denise (1998) 'Toward a Notion of Critical Self-Creation:

Slavoj Žižek and the "Vortex of Madness"', *New Literary History,* 29:1, 153-168.

Hanlon, Christopher (2001) 'Psychoanalysis and the Post-political: An Interview with Slavoj Žižek', *New Literary History,* 32:1, 1-21.

Homer, Sean (1995) 'Psychoanalysis, Representation, Politics: On the (Im)possibility of a Psychoanalytic Theory of Ideology?', Centre for Psychotherapeutic Studies, University of Sheffield, http://www.shef.ac.uk/uni/academic/NQ/psysc/staff/sihomer/prp.html

Jameson, Fredric (1988a) *The Ideologies of Theory-Essays 1971-1986: Volume 1-Situations of Theory,* Minneapolis: University of Minnesota Press.

Jameson, Fredric (1988b) *The Ideologies of Theory-Essays 1971-1986: Volume 2-Syntax of History,* Minneapolis: University of Minnesota Press.

Lacan, Jacques (1977) *Écrits: A Selection* (trans. Alan Sheridan), London: Routledge.

Lovink, Geert (1995) 'Japan through a Slovenian Looking Glass: Reflections of Media and Politics and Cinema.' InterCommunication 14, http://www.ntticc.or.jp/pub/ic_mag/ic014/zizek/zizek_e.html.

Marx, Karl (1976) *Capital: Volume 1* (trans. Ben Fowkes), London: Penguin/New Left Review.

Orwell, George (1949) *Nineteen Eighty-Four,* London: Penguin.

Palahniuk, Chuck (2001) *Choke,* London: Jonathan Cape.

Pascal, Blaise (1966) *Pensées* (trans. A.J. Krailsheimer), London:4 Penguin.

Rorty, Richard (1989) *Contingency, Irony, and Solidarity,* Cambridge: Cambridge University Press.

索　引

J. L. 奥斯汀　81-2
《X 档案》　*X-Files*, *The*　4

阿尔弗雷德·希区柯克　Hitchcock, Alfred　100, 134
爱,爱情　love　92
爱德华·蒙克　Munch, Edward　90
安东尼·吉登斯　Giddens, Anthony　47
《安提戈涅》　*Antigone*　74
奥托·魏宁格　Weininger, Otto　80-7

拜物教式的否认　fetishistic disvowal　3, 67, 104, 121
《北约作为上帝的左手》　*NATO as the left Hand of God*　131-2
彼特·杜斯　Dews, Peter　120-1
彼特·斯洛特戴克　Sloterdijk, Peter　65-7

辩证法 dialectic 16-17, 113
波德莱尔 Baudelaire 3
布莱士·帕斯卡尔 Pascal, Blaise 68-9

厕所设计 toilet designs 4, 130
查尔斯·达尔文 Darwin, Charles 34
超我 superego 53-5, 118-19
《宠儿》 *Beloved* 60,131
《除不尽的剩余》 *Indivisible Remainder*, *The* 39, 40, 41, 42, 55, 82, 129, 133
创伤 trauma 26-7, 125

《大使》 *Ambassador*, *The* 99
大卫·林奇 Lynch David 131
大众文化 popular culture 2-4
丹尼斯·吉甘特 Gigante, Denise 121
倒错 perversion 95
第五元素 quintessence, the 89

厄尼斯特·拉克劳 Laclau, Ernesto 6, 113, 116, 133

《非常嫌疑犯》 *Usual Suspects*, *The* 60, 131
费尔迪南·德·索绪尔 Saussure, Ferdinand de 23, 116
风险社会 Risk society 47-9, 53
缝合点 *points de caption* 64, 82
弗兰茨·卡夫卡 Kafka, Franz 90

弗雷德里克·詹姆逊 Jameson, Fredric 37-9, 48, 56, 117, 125, 134; 亦见马克思主义 Marxism; 消隐的中介 vanishing mediator

弗里德里希·恩格斯 Engels, Friedrich 65

弗里德里希·尼采 Nietzsche, Friedrich 39

弗里德里希·威廉·约瑟夫·冯·谢林 Schelling, Friedrich Wilhelm Joseph van 39-44, 73, 129, 130, 133

格奥尔格·威廉·弗里德里希·黑格尔 Hegel, Georg Wilhelm Friedrich 15, 43, 111, 117, 亦见具体的普遍性 concrete universality; 辩证法 dialectic; 习惯 habit; 世界之夜 night of the world; 宗教 religion; 整体性 totality

狗儒主义 kynicism 65

故抑其词 apophasis 3

《哈姆雷特》 *Hamlet* 74

汉斯·荷尔拜因 Holbein, Hans 99

《好兵帅克》 *Good Doldier Schweik, The* 120

赫伯特·马尔库塞 Marcuse, Herbert 117

黑色电影 *film noir* 85

《后窗》 *Rear Window* 100-1

后结构主义 post-structuralism 33

后现代 postmodern, the 47, 48, 57-8, 108

幻想:作为对“汝所何欲?”的回答 Fantasy: as answer to

'*Che vuoi?*' 94-5；幻想的冲突 conflict of 103-8；作为现实的框架 as frame on reality 99-103，105；对他者之不一致性的掩盖 masking inconsistency of Other 97；穿越幻想 traversing the 108-9

《幻想的瘟疫》 *Plague of Fantasies, The* 4，54，73，96，120，129-30

《荒谬崇高的艺术》 *Art of the Ridiculous Sublime, The* 111，131

《荒唐阿姨》 *Absolutely Fabulous* 55

回溯性 retroactivity 26-7，124-5

基督 Christ 58，94

畸像 anamorphosis 74-6

精神分析 psychoanalysis 20，117-18

具体的普遍性 concrete universality 82，88-9，113-15，119； 亦见整体性 totality

卡尔·马克思 Marx, Karl 15，39，82，111，117，131；亦见资本主义 capitalism；意识形态 ideology；马克思主义 Marxism；唯物主义 materialism

科林·麦凯比 McCabe, Colin 124

克林特·伯纳姆 Burnham, Clint 125

《快感大转移》 *Metastases of Enjoyment, The* 26-7，80，82，83，116，119，129，131

勒内·笛卡尔 Descartes, René 31-2，84

勒娜特·莎勒克 Salecl, Renata 8, 135

雷蒙·钱德勒 Chandler, Raymond 85

理查德·罗蒂 Rorty, Richard 102

理查德·瓦格纳 Wager, Richard 85, 90, 134

两种死亡 two deaths, the 73-4

路易·阿尔都塞 Althusser, Louis 69-70, 135

律法 law, the 53-4, 118-19

《论信仰》 *On Belief* 132-3

罗伯特·谢克里 Sheckley, Robert 94-5

罗曼·雅各布森 Jakobson, Roman 5

马克思主义 Marxism 19-20, 117-18, 120, 122-4

米歇尔·福柯 Foucault, Michel 118-19

《敏感的主体》 *Ticklish Subject, The* 31, 49, 51, 59, 74, 87, 91, 109, 114, 130, 131

姆拉登·多拉 Dolar, Mladen 7, 134, 136

《男人来自火星，女人来自金星》 *Men are from Mars, Women are from Venus* 87

尼古拉·哥白尼 Copernicus, Nicolas 34

女权主义，女性主义 Feminism 67, 79, 83, 122-4

《偶然性，霸权和普遍性》 *Contingency, Hegemony, Universality* 91, 113, 114, 118, 123, 124, 133

派翠西亚·海史密斯 Highsmith, Patricia 57-8, 103

《漂泊的荷兰人》 *Flying Dutchman*, *The* 85

《齐泽克读本》 *Žižek Reader*, *The* 2, 43, 72, 101, 136
恰克·帕拉尼克 Palahniuk, Chuck 25
强迫症 obsessional neurosis 95
乔治·奥威尔 Orwell, George 102
犬儒主义 cynicism 57, 65-7, 121

让-弗朗索瓦·利奥塔 Lyotard, Jean-François 48
"汝所何欲?" '*Che vuoi*?' 88-90, 93-8, 101

《塞莱廷斯预言》 *Celestine Prophecy*, *The* 59
商品拜物教 commodity fetishism 66-7, 71, 73
上帝:上帝的诞生 God: birth of 39-44; 基督教和犹太教的上帝 Christian and Jewish 94; 上帝之死 death of 50; 上帝的牺牲 sacrifice of 60; 对上帝的赌注 wager on 68-9
圣奥古斯丁 Saint Augustine 31
实在界 Real 20-1: 对抗 antagonism 74-6, 90-2; 被定义的实在界 defined 25-9; 实在界和黑格尔 and Hegel 113; "我" 'I' 84; 实在界当中的他者 Other in the 56-9; 对实在界的过度接近 over-proximity to the 57-8; 实在界同象征界的关系 relationship to the Symbolic 25-9, 42-44, 50, 72-6
世界之夜 night of the world 36-7, 60, 83, 125, 133
施行句 performatives 81-2

苏格拉底 Socrates 16

索福克勒斯 Sophocles 74

他者:他者的瓦解 Other, the: collapse of 49-51; 他者的欲望 desire of 96-8; 他人和他者之间的区别 difference between the other and 23; 他者的不一致性 inconsistency of 97, 109; 他者和享乐 and *jouissance* 97; 他者的他者 the Other of 56-9; 他者的追问 questioning of 89-90

特里·伊格尔顿 Eagleton, Terry 1

《天才雷普利》 *Talented Mr Ripley, The* 57-8

《图绘意识形态》 *Mapping Ideology* 68, 76, 134-5

托妮·莫里森 Morrison, Toni 60, 131

妄想狂 paranoia 56-9, 106

威廉·赖希 Reich, Wilhelm 117

威廉·莎士比亚 Shakespeare, William 74

唯物主义 materialism 39, 67-9

唯心主义 idealism 16, 43, 117

我思:主体的基础 Cogito : basis for subject 32-3, 36-7 ; 我思的发展 development of 31-2; 后结构主义对我思的批评 post-structuralist criticism of 33-5; 拉康对我思的重写 rewritten by Lacan 84, 88

《我思与无意识》 *Cogito and the Unconscious* 36, 45, 130, 135

乌尔里希·贝克 Beck, Ulrich 47

西格蒙德·弗洛伊德　Freud, Sigmund　20, 26-7, 39, 56, 80, 89, 96, 117, 125

习惯　habit　55-6

享乐　*jouissance*　86, 88-9, 97, 105-6

享乐　enjoyment　参见享乐　*jouissance*

《享受你的症状!》　*Enjoy Your Symptom!*　6, 60, 85, 86, 91, 99, 108, 128, 131

想象界:被定义的想象界　Imaginary: defined　20-2; 想象界和上帝　and God 42-3; “我”‘I’　84; 想象界和他者的他者　and Other of the Other　59; 想象界的用法　use of　113

象征界　Symbolic　20-1, 113: 阉割　castration　88-92; 象征界的偶然性　contingency of　24, 83-4; 被定义的象征界　defined　22-4; 效力　efficiency　50-1, 59, 81; “我”　‘I’　84; 象征界和意识形态　and ideology　72-6; 象征界的不充分性　insufficiency of　27-8, 90-2; 象征界和语言　and language　23-4, 42-5; 命令　mandate　70, 91, 93

消隐的中介　vanishing mediator　37-9

肖恩·霍默　Homer, Sean　121-2

歇斯底里　hysteria　83, 89-90, 95

《斜目而视》　*Looking Awry*　11, 56-7, 95, 99, 103, 105, 106, 127-8

信仰　belief　67, 71

行动　act, the　59-61, 122, 125

性　sex　52-5, 80-3, 90-2

性化公式 formulae of sexuation 79-80，87-92
《性与性格》 *Sex and Character* 80-3，90

雅克·德里达 Derrida，Jacques 33，35，112，115-16
雅克·拉康 Lacan，Jacques 8，15，64，79-80，83，85，111-13，116，125；亦见“汝所何欲?” ‘*Che vuoi?* ’；性化公式 formulae of sexuation；想象界 Imaginary；享乐 *jouissance*；他者 Other，the；象征界 Symbolic；症状 symptom
雅克-阿兰·米勒 Miller，Jacques-Alain 8-9，112
雅洛斯拉夫·哈谢克 Hašek，Jaroslav 120
《延迟的否定》 *Tarrying with the Negative* 1-2，44，89，128-9，134
《一触即发的革命》 *Revolution at the Gates* 135
《一九八四》 *Nineteen Eighty-Four* 102-3
伊曼努尔·康德 Kant，Immanuel 36，43
《义海雄风》 *Few Good Men*，*A* 118-19
《异形》 *Alien* 2，86
《易碎的绝对》 *Fragile Absolute*，*The* 55，60，104，130-1，132
意识形态 ideology 18-20，53，63-77，92
《意识形态的崇高客体》 *Sublime Object of Ideology*，*The* 2，6，16-17，35，63，65，66，69，86，108，114，127-8，134
意识形态国家机器 Ideological State Apparatus 69-71，73，112，135

意指链 signifying chain 22-4

《因为他们不知道他们所做的》 *For They Know Not What They Do* 37-9, 50, 53, 89, 128

阴阳 *yin* and *yang* 17, 76

《银翼杀手》 *Blade Runner* 44-5

《幽灵依旧在徘徊》 *Spectre is Still Roaming Around, The* 131

幽灵增补 spectral supplement 72-6, 92

《有人说过集权主义吗?》 *Did Somebody Say Totalitarianism?* 48, 132

欲望 desire 52-3, 85, 95-8, 103

约翰·戈特利布·费希特 Fichte, Johann Gottlieb 43

约翰·洛克 Locke, John 71

《再见,吾爱》 *Farewell, My Lovely* 85

哲学 philosophy 1-4, 81-2, 124-5

《真实泪水的恐惧》 *Fright of Real Tears, The* 57, 124

整体性 totality 16-17, 114-16, 119; 亦见具体的普遍性 concrete universality

政治 politics 15, 18, 47, 60-1, 63, 76, 108-9, 114, 117-20, 122-4

症状 symptom 84-7, 111-12

芝诺 Zeno 16

种族主义 racism 93-4, 98, 103-9

朱迪斯·巴特勒 Butler, Judith 91, 113, 133

主体:作为畸像的主体 subject: as anamorphosis 100; 作

为自动机的主体 as automaton 28, 34-5; 主体的定义 definition of 11, 37; 阐述的主体/被阐述的主体 of enunciation / enunciated 83-4, 104; 主体和历史 and history 115; 作为个体的主体 as individual 32-4; 主体和客体 and object 4, 115; 后现代主体 postmodern 57; 自反性的主体 reflexive 53-5, 104; 主体的修正 revision of 113; 主体与自我 and Self 45; 作为主体的女人 woman as 83; 主体和词语(道) and the Word 42; 亦见"汝所何欲?" '*Che vuoi?*'; 我思 cogito; 世界之夜 night of the world

资本主义 capitalism 18-19, 48, 63, 66-7, 106

《自由的深渊》 *Abyss of Freedom, The* 41, 42, 130, 133

宗教 religion 58-60, 71, 94, 113-15

《作为爱之客体的凝视和声音》 *Gaze and Voice as Love Objects* 2, 135-6

斯拉沃热·齐泽克思想源流简图

白轻 绘

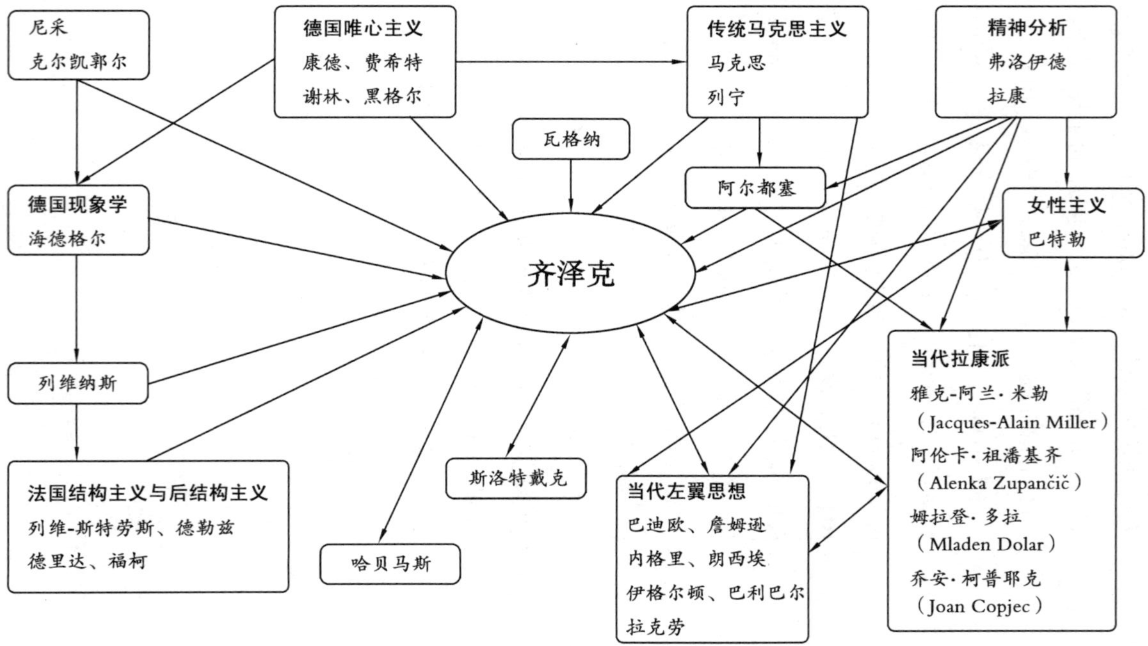

为齐泽克的形象和思想“正名”

韩振江

2004 年左右，国内学者通过一些“学术媒体”开始知道齐泽克其人其书。2006 年，经由人民大学一位老师的介绍我才知道齐泽克是当代精神分析学派的思想家。恰逢其时，我正好迷恋于弗洛伊德和拉康的精神分析学，后来一看齐泽克的书才知道他原来是拉康的再传弟子，也还算比较正统的精神分析学派。于是，我跟导师商量后决定做关于齐泽克的博士论文。后来，我的博士论文经修订后出版:《齐泽克意识形态理论研究》。2010 年齐泽克应邀来到中国访学，我在人民大学见到了齐泽克，并送专著给他。齐泽克比照片上长得年轻些，满脸像马克思一样的大胡子。他在人大的讲座“人满为患”，人人争睹当代思想家的风采。会后，我跟齐泽克聊了几句，当他知道中国有学者专门研究他的思想，还做了博士论文，他非常高兴。次日，齐泽克打电话到宾馆约谈，可惜我的手机因通讯原因未能实现。于是，我跑到清华大学特意向他致歉，并再次聆听了他渊博而睿智的演讲。齐泽克为人很实在，演讲很卖力，不用主持人鼓励，自己就滔滔不绝，像一架会思想的机器一样。不过两天的演讲让他感觉很累，尽管只是五月的天气，可每次他都是汗流浃背。清华演讲会后，我向他提交了一个问题的单子，希望他回国后能作个书面的回答。算是一个学术的访谈。但是，天有不测风云，人有旦夕祸福。2011 年，我发邮件为一个国内学术会议邀请他。他说“自己生病，去不了了。抱歉的是对你提的问题也没有回答。”但令我未想到的是齐泽克发给我一部他尚未出版的书稿，希望弥补他因身体原因未回答的访谈。

在我与齐泽克不多的接触和交往中，丝毫看不出他幽默，甚至“玩世不恭”的地方。我反而认识到齐泽克作为一个学者基本的真诚、睿智、朴实和认真。这迥然有异于国内外的某些新闻媒体和学术媒体对他的报道。人们一般把齐泽克描绘成一个解构主义大师，一个风流但不倜傥的东欧学者，一个会讲笑话和《角斗士》忽悠人的学术明星。以我对齐泽克长达八年的研究及与他的接触，我认为齐泽克是当今国际上思维缜密、思考认真、以生命热情做学问的最出色的学者之一。因此，很有必要为齐泽克的形象和思想“正名”，这也是我在身心疲倦于工作之际，依然欣然接受写跋的原因。目前国内对齐泽克著作的翻译参差不齐，介绍情况也不尽如人意，这就妨碍了人们对齐泽克哲学的认识和传播。我倾向于把齐泽克定位成当代左翼思想家，而且他的思想是以拉康后期精神分析学为基础的、策划解决当代资本主义条件下左翼思想复活的问题。就左翼思想家内部，齐泽克也显得略有不同。他的学理根基不是来自马克思，尽管他从马克思主义吸收了很多营养，也准备解决马克思未曾解决的问题；但是他的哲学根基是彻底的后现代主义或者更准确些是以实在界思想为核心的“虚无主义”。齐泽克曾与他人争辩说，拉康不是一个后现代主义者，他是一位最真诚的现代性哲学家，以恢复启蒙的现代性为己任。那我也可以说，齐泽克不是一位参与批判现代性的“西马”分子，而是一个以彻底解构和倾覆西方理性精神为己任的理性主义者，以彻底挖掉西方文化根基为目标的建构性后现代主义者。尽管我对他思想的定位，他一定不会同意。

或者，我们更确切地说，齐泽克的思想核心是“无中生有”。齐泽克关于“无”(nothing)的思想来自于拉康在1960年代之后提出的“实在界”(The Real)的理论。实在界，在拉康哲学中是个充满迷雾和荆棘的高地，很难说清楚它的具体含义。姑妄言之，实在界是人类生存中根本的虚无性，是世界根本的偶然性和分裂性。按照拉康的说法，实在界就像虚无的空气一样，只要人们稍微不留神就会侵入人们的视野和头脑，让人开始追问存在的意义问题。就仿佛好莱坞科幻电影《第十三层楼》中所述的故事，我们以为生活的世界是封闭性的、任何问题都可以是有答案的，但是没想到我们的世界原来是另一个更高级世界的玩具世界，而我们不过是高级的电脑软件或者病毒。既然我们的现实是不真实的，那么什么是真实的呢？就像《黑客帝国》里所讲的尼奥在“第一现实”中是一个软件工程师，而在另一更真实的“第二现实”中是反抗MATRIX(母体)控制的领袖，那么，哪个尼奥更真实呢？齐泽克的回答是，都是虚假的。一切艺术无非是让我们感到现实的不完美，进而告诉我们有一个更完美的世界等待我们去追求，而这个美丽新世界可能是楚门(Trueman)一心要出去的另一个“摄影棚”(社会)，也可能是“黑客帝国”充满钢铁的船舰，也许是上帝的天堂，也许是共产主义，总之是个超越现实世界的第二现实世界，也就是齐泽克所谓的“大他者之大他者”，而这就是艺术的幻象。真正的实在界是虚无本身，是偶然性本身，它反对和侵蚀一切企图围绕着它进行阐释和建构现实的可能性。我们可以打个比方说，珍珠是由于河蚌娇嫩的肉体受到了异物(无论是寄生虫还是沙粒)入侵后，细胞外层分泌汁液把异物包裹起来增厚而形成的。以人类情况作比较，我们的主体性就是珍珠，我们赖以存在的现实就是吐出来的汁液，我们不能正视也不敢正视的存在黑洞，即实在界，就是那个异物，而具有讽刺意味的是没有异物的入侵就没有人的现实感。简言之，齐泽克所讲的实在界就是人存在的虚无本身，而不是一种感受。

英国社会学家、剑桥大学社会学系主任戈兰·瑟伯恩（Goran Therborn）说："作为一个具有写作冲动的多产作家和令人生畏的辩论家，并且似乎能够永不疲倦地提供对电影和其他当代文化的看法，齐泽克已经成为当代激进反传统主义的标志性人物。作为一个由前共产主义者转变成的反思共产主义的持不同政见者，他的铁托时代的斯洛文尼亚背景给他提供了经典左翼政治家和完美的、令人尊敬的自由主义者的双重资格。"因此，齐泽克被西方媒体誉为"最危险的哲学家"，也就是说他的左翼思想比其他哲学家更具有激进的维度，这激进的维度一般认为是来自于马克思主义和西方马克思主义。我更倾向于认为来自于拉康哲学彻底的后现代性，即实在界思想的解读。我把齐泽克的实在界概括为"无"，即要抹平和颠覆一切西方哲学和文化中的"有"，在这一片"无"的废墟中重建西方理性的文明，此乃"无中生有"是也。即，他以实在界的虚无为核心，批判各种当代哲学和思想，他要深挖各种思想的根基，以埋葬西方文化为代价换取西方文化的再生。

白轻翻译的这本《导读齐泽克》是西方研究齐泽克的一部普及版的学术著作。作者的态度是严肃的、认真的，比较全面地概括了齐泽克哲学的基本概念和范畴，让读者可以比较专业地了解齐泽克的思想。作为当代最活跃的哲学家和左翼思想家，他不知疲倦地写作，几乎以每年一本书的速度在创作，虽然其作品有重复和啰嗦的地方,但是依然显示了他所具有的全球化的问题意识、深邃的思考力量、广博的知识体系和炙热的解放热情。对于这样一个与时代同步乃至于超越时代的哲学家,无论多少学者去讨论和研究他的思想都是不够的,因为我们与齐泽克的对话,就是与当代世界的思想对话。如此一来,翻译就成为一个特别繁重而急需的工作。齐泽克思想的讨论与传播也必然依赖于好的译本与好的译者,向那些默默无闻的翻译者和出版者致敬。

图书在版编目(CIP)数据

导读齐泽克/(英)迈尔斯(Myers,T.)著;白轻译.—重庆:重庆大学出版社,2014.7(2023.6重印)
(思想家和思想导读丛书)
ISBN 978-7-5624-8444-8

Ⅰ.①导… Ⅱ.①迈…②白… Ⅲ.①齐泽克,S.—哲学思想—思想评论 Ⅳ.①B555.4

中国版本图书馆CIP数据核字(2014)第156715号

导读齐泽克

托尼·迈尔斯 著
白 轻 译
责任编辑:邹 荣 版式设计:邹 荣
责任校对:邬小梅 责任印制:张 策
*
重庆大学出版社出版发行
出版人:饶帮华
社址:重庆市沙坪坝区大学城西路21号
邮编:401331
电话:(023)88617190 88617185(中小学)
传真:(023)88617186 88617166
网址:http://www.cqup.com.cn
邮箱:fxk@cqup.com.cn(营销中心)
全国新华书店经销
重庆市正前方彩色印刷有限公司印刷
*
开本:890mm×1168mm 1/32 印张:6.875 字数:154千 插页:32开2页
2014年7月第1版 2023年6月第5次印刷
印数:9 001—11 000
ISBN 978-7-5624-8444-8 定价:38.00元

版贸核渝字(2013)第321号

封面设计:史英男　刘　骥